Glenn Kaiser
On stage, backstage & zuhause
Von der Verantwortung des
christlichen Musikers

On stage, backstage & zuhause

Von der Verantwortung des christlichen Musikers

Glenn Kaiser

ASAPH VERLAG

Alle Bibelstellen wurden, soweit nicht anders vermerkt, nach der LUTHERBIBEL, revidierter Text 1984, © Deutsche Bibelgesellschaft, Stuttgart, zitiert.

Titel der amerikanischen Originalausgabe:
The Responsibility of the Christian Musician

Die Originalausgabe erschien erstmals 1994 bei *Cornerstone Press, Chicago*

Aus dem Amerikanischen übersetzt von Dorothea Appel

1. Auflage 1995

Umschlaggestaltung: Janet Cameron/Pat Peterson & IMAGE DESIGN, D-Landsberg
Satz: CONVERTEX, D-Aachen
Druck: Breklumer Druckerei Manfred Siegel KG

ISBN: 3-931025-04-7
Best.-Nr.: 147504

Für kostenlose Informationen über unser umfangreiches Lieferprogramm an Büchern, Musik usw. schreiben Sie bitte an:

ASAPH
D-58478 Lüdenscheid

Für Jesus,
meine Stärke und mein Lied

Für Wendi,
meine liebste Freundin

Für Rebecca, Heidi und Amy,
meine größten Gaben

Inhalt

Vorwort

Gottes Wort handelt zum großen Teil von Haltungen und Beziehungen. Das erste und wichtigste ist, ob wir eine persönliche Beziehung zu Gott haben oder nicht. Aus dieser Beziehung heraus bringen wir unsere Talente in alle anderen Beziehungen ein und teilen mit anderen das, was man „Leben“ nennt.

Welch ein Unterschied zwischen Himmel und Hölle! Als Christen sind wir Kinder des Himmels. Unsere Werte, Motive und Ziele müssen zu Werten, Motiven und Zielen des Himmels heranreifen. Das erfordert alle Zeit, die Gott uns gibt! Aber Preis ihm – er ist der Anfänger und Vollender unseres Glaubens (Hebräer 12,2). Das gilt für alle Gläubigen.

Obwohl er dieselbe Berufung hat, hinkt der christliche Musiker dieser manchmal etwas hinterher. Ständig wird er sowohl gesellschaftlich als auch geistlich sehr gefordert. Durch die Geschichte hindurch wurde über die Rolle des Künstlers und seiner Gaben in der Kirche heftig gestritten. Einsatz und Mißbrauch von Musik waren schon immer ein kontrovers diskutiertes Thema unter Christen, und das wird auch so bleiben.

Zum Teil, denke ich, haben wir es mit rebellischen jungen Christen zu tun, die keinen Respekt für traditionelle Strukturen aufbringen können und die über die Normen der älteren Generation stolpern. Andererseits sehen wir eine traditionell geprägte Gemeinde, die jungen Musikern häufig aufgrund eines besonderen Musikstils das Christsein abspricht. Das ist ein offener Bruch; Vorurteil steht gegen Vorurteil.

Viele Christen sind der Schrift gegenüber ungehorsam: Wegen einer unbiblischen Meinungsverschiedenheit über Musik weigern sie sich, mit anderen Gläubigen Gemeinschaft zu haben. Was läßt sich gegen diese Trennung unter Brüdern tun?

„Denn unser Wissen ist Stückwerk. ... Aber die Liebe ist die größte unter ihnen“ (1. Korinther 13,9, 13). Wenn diese Schriftstellen stimmen, dann erkennen wir als Einzelne und als Gruppe nur „Stückwerk“. Warum bestehen wir so sehr darauf, völlig recht zu haben? Stolz? Unsicherheit? Dummheit? Ignoranz? Mein Herz schlägt für solche, die mir doch so ähnlich sind. Wir haben wohl alle mit diesen Schwierigkeiten zu tun. Und doch: Die wirklich zu lieben, mit denen wir nicht einer Meinung sind, für sie zu beten und mit ihnen Gemeinschaft zu haben ist ein Zeugnis, das weder die Welt noch Satan zum Schweigen bringen können, unabhängig vom Musikgeschmack. Gott sei Dank, daß Geschmack keine biblische Basis dafür ist, mit wem wir Gemeinschaft haben sollten und mit wem nicht! Leider gibt es aber doch in beiden Lagern Vertreter dieser Ansicht. Wo im Wort Gottes wird das untermauert? Die Wahrheit ist, daß beide Seiten vieles gemeinsam haben und viel voneinander lernen können!

Ich preise Gott für Lehrer, Pastoren, Jugendpastoren und Musikleiter im Leib Christi, die die Flamme der Wahrheit, das Wort Gottes, jungen Musikern vermitteln. Wie nötig ist das! Mit Musik läßt sich eindeutig große Macht und Einfluß ausüben. Lobpreis-, Zeugnis- und prophetische Lieder führen sehr wirkungsvoll das Schwert des Geistes. Und doch – wie selten höre ich die Forderung nach der Unterweisung der jüngeren, neueren christlichen Musiker in soliden biblischen Konzepten. Es ist eine Sache, sich mit dem Schreiben, Arrangieren, Produzieren und Aufführen von Musik auszukennen. Eine ganz andere Sache ist es, zu wissen, wie man während dieser Prozesse biblisch lebt. Musiker, euer Leben und eure Gaben haben weitreichende Auswirkungen auf so viele Menschen! „Denn wem viel gegeben ist, bei dem wird man viel suchen; und wem viel anvertraut ist, von dem wird man um so mehr fordern“ (Lukas 12,48).

Die Bibel lehrt eindeutig die Verantwortlichkeit des Christen. Musiker sind davon *nicht* ausgenommen.

Wegen des stark kommunikativen Charakters unserer Kunstform und ihrer Stellung in der Gesellschaft müssen christliche Musiker noch einmal so verantwortlich mit ihrem Leben und Schaffen umgehen. Wir Musiker haben ein ungeheures Potential als Gefäße des Heiligen Geistes ... oder als Vertreter von Belanglosigkeiten ... oder sogar als Zerstörer. Götzendienst gibt es in vielerlei Form. Mancher von uns verneigt sich vor unserer Kultur, als ob sie Christus wäre! Betest du die Schöpfung und geschaffene Dinge (z. B. Musik) mehr an als den Schöpfer? Diese Frage gilt genauso für ältere Christen wie für jüngere. Bekommt Gott eine Stunde pro Woche von deiner Zeit (wenn überhaupt!), und deine Musik (Spielen/Hören) um die dreißig, vierzig? Sei ehrlich.

Viele Musiker sind, offen gesagt, eindimensional. Ständig hören sie Musik, sprechen, lesen, gucken (im Fernsehen) und träumen von *Musik* und fast nichts anderem. Viele ihrer Freunde sind entweder Musiker oder irgendeine Art von Groupie. Klingt nach einem ausgewogenen, abgerundeten Leben, oder? Worüber sprichst du am meisten? Geht das Geld, das du übrig hast, hauptsächlich für Mission oder Nöte der Gemeinde drauf oder für Musik und Unterhaltung? Was kannst du bei einer Begegnung mit anderen Christen einbringen, das alle genießen könnten, das allen zum Wachstum verhelfen und um das herum alle Gemeinschaft haben könnten? Wenn Musik deine einzige Antwort ist, dann hast du noch einiges an Buße vor dir, und an ... Erwachsenwerden. Ist schon in Ordnung. Das geht uns allen so. Als Wiedergeborene sind wir alle Brüder und Schwestern. Ein Kennzeichen christlicher Reife und Liebe ist die Fähigkeit, „Kindliches abzulegen". „Spielen" wir Musiker, während andere echt „arbeiten"? Besonders unter Christen muß sich das ändern. Geh umsichtig voran. Mein Gebet ist, daß Johannes 15,8 in deinem Leben und deiner Musik wirklich wahr wird!

Glenn Kaiser

Kapitel 1

Verantwortung gegenüber Gott, deinem Vater

Ihr seid teuer erkauft; werdet nicht der Menschen Knechte. Liebe Brüder, ein jeder bleibe vor Gott, worin er berufen ist (1. Korinther 7,23-24).

Gott in seiner Berufung zu dienen kann sehr schwer sein – oder auch leicht und befriedigend, ja direkt einfach. Tatsächlich trifft beides zu. Wie ist es für dich? Jesus bezeichnete dies als erstes und wichtigstes Gebot: „Höre, Israel, der Herr, unser Gott, ist der Herr allein, und du sollst den Herrn, deinen Gott, lieben von ganzem Herzen, von ganzer Seele, von ganzem Gemüt und von allen deinen Kräften" (Markus 12,29,30). Gott sagt, er sei der einzig wahre Gott (einzig und allein) und müsse völlig und vollkommen geliebt werden. Er sagt, er sei ein eifersüchtiger Gott, und wir sollten „keine anderen Götter neben" ihm haben (2. Mose 20,3)! Also müssen wir uns nicht in erster Linie vor anderen verantworten – seien sie wiedergeborene Christen oder heidnische Sünder –, nicht vor uns selbst und nicht vor unserer Arbeit oder Berufung! Unsere erste und wichtigste Verantwortung besteht vor Gott selbst, und das muß immer so sein.

Es ist das Wort Gottes, das uns zur Verantwortung zieht. Das ist sicher: Unser Christenleben beginnt im Herzen und Sinnen Gottes. Er schuf uns. Er liebte uns sehr, aber wegen unserer Sünde wurden wir von ihm getrennt. Am Kreuz opferte er seinen einzigen Sohn, daß die Strafe für unsere Sünde völlig bezahlt werden könnte, und öffnete uns so den Weg zu einer echten, ewigen Beziehung mit ihm. Wo aber beginnt unsere Verantwortung? „Höre, Israel ..." Wir müssen lernen zuzuhören.

Dieses Wort, *verantwortlich sein*, hat eine tiefe und vielfältige Bedeutung. Im *Webster's* wird es definiert als „zur Rechenschaft gezogen werden können; für sein Verhalten und seine Verpflichtungen Rechenschaft ablegen können; vertrauenswürdig sein; für sich selbst zwischen richtig und falsch unterscheiden können; durch Verantwortung oder

Verantwortlichkeit gekennzeichnet sein oder diese beinhalten". *Antwort* ist das Wurzelwort. Auf die einzugehen, mit denen uns eine Beziehung verbindet, auf sie zu reagieren und ihnen zu antworten ist extrem wichtig. Tatsächlich können wir mit niemandem eine Beziehung haben, wenn wir nicht in irgendeiner Form auf ihn eingehen. Wenn man etwas über Jesus sagen kann, dann, daß er bestimmt verantwortlich tat, was er als den Willen des Vaters erkannte: „den Willen dessen, der mich gesandt hat" (Johannes 6,38). Als man ihn fragte, was das wichtigste Gebot sei, redete er über die tiefe Liebe zum Vater. Liebe zu Gott, das ist der Stoff, aus dem das Leben gemacht ist! Die ganz besondere Antwort oder Reaktion, mit der wir dem Herrn begegnen, wenn wir glauben, er habe zu uns gesprochen, ist die Essenz unserer Beziehung zu ihm.

Wie hören wir seine Stimme? Er spricht zu uns persönlich durch sein Wort (die Bibel), wenn wir beten, durch unsere Pastoren/geistlichen Leiter, andere Christen, durch Umstände und auch durch übernatürliche „Zeichen und Wunder". Sobald wir uns seiner Richtungweisung relativ sicher sind, müssen wir entsprechend handeln. An diesem Punkt der Beziehung entscheidet sich, ob wir seinen Willen tun oder nicht. Wenn wir die richtigen Entscheidungen treffen, kann unser Zeugnis sowohl in der Welt als auch in anderen Christen ein tieferes Verständnis von Gottes Liebe fördern. Charles Colsons exzellentes Buch *Loving God* kann dir noch mehr Einblick in dieses Phänomen geben, wenn du dich dafür weiter interessierst. Die Sache ist einfach die: Viele Gläubige machen sich nicht klar, daß sie nie im vollsten menschlichen Sinn lieben werden, wenn sie nicht zuerst Jesus erlauben, ihr Herz, ihre Gedankenwelt und Seele mit seinem Herzen, seiner Gedankenwelt und Seele anzurühren. Das braucht seine Zeit. Es kann Angst machen, es kann sogar schmerzen. Aber genau diese Zeit, die wir Christen mit Gott verbringen, veranlaßt unseren Geist zu singen! Und unsere

Natur wird dem ähnlicher, mit dem wir Zeit verbringen. Diese Gemeinschaft beeinflußt früher oder später jeden Aspekt des Lebens, Musik eingeschlossen, wenn wir Musiker sind.

Wir sind in der Tat „teuer erkauft“ (1. Korinther 6,20; 7,23). Dieser Preis ist das vergossene Blut eines Lammes ohne Makel, das Blut von Jesus, dem Sohn Gottes – Gott Sohn. Gott selbst vergoß sein Blut, damit wir zu ihm heimkommen könnten in einer liebenden Beziehung des Vaters zum Kind. Lieben, dienen, treu sein ist unsere neue Verantwortung, täglich in jeder Situation ehrlich mit ihm sprechen, in seinem Buch nach Führung in allen Dingen dieses Lebens und der kommenden Ewigkeit suchen, ihm zuhören, ihm gehorchen. Diese wechselseitige Beziehung muß die Grundlage sein, auf die der christliche Musiker alles aufbaut.

Sich den Launen irgendeines anderen (des eigenen Ichs eingeschlossen) sklavisch zu ergeben ist nicht Gottes Vorstellung von Verantwortung vor ihm. Loyalität gegenüber Gott bedeutet nicht, daß wir leichtfertig ablehnen, was uns andere sagen. Und doch wird uns unsere Loyalität zu Gottes Berufung manchmal von anderen trennen. Das kann sehr schmerzhaft sein, aber diesen Schmerz hat auch Jesus in seinem Gehorsam Gott gegenüber gefühlt.

Gott zu gehorchen gehört zu dem Prozeß der Liebe zu ihm, seine Annahme in vollerem Sinn zu empfangen. Diese tiefe Erfahrung seiner ständigen Liebe für dich persönlich wird dich dazu befreien und dir helfen, andere zu akzeptieren und zu lieben – weil er dich persönlich annimmt.

Wenn dein Bedürfnis nach Angenommensein erfüllt und befriedigt ist, hast du die Freiheit, nicht nur ihn, sondern auch seine Kinder zu lieben – seien sie noch verloren oder schon gefunden. Es gibt eine Freiheit, andere zu lieben, wenn du dir seiner Liebe und Berufung für dein eigenes Leben sicher bist. Du bist besser in der Lage, Unterstützung und biblische „brüderliche Liebe“ anderen Leuten angedeihen zu lassen, die dich oder deine Musik nicht mögen: Weil er sie liebt, liebe ich sie auch. Weil ich seine Liebe an mir selbst erfahre, muß ich mir um mich keine Sorgen machen! Ich kann arbeiten, um mitzuhelfen, daß andere seine persönliche Liebe erfahren. Wir lieben ihn, weil er „uns zuerst geliebt“ hat (1. Johannes 4,19). Seine Liebe entdecken, ihre Aktion und Wechselwirkung erleben und sie tatsächlich erwidern ... welcher Friede, welche Freude! Welche Anbetung und Bewunderung bringt das hervor! Das ist eine Liebesbeziehung, die tiefer ist als jede andere, und aus der jede andere Liebesbeziehung entspringen muß. Aus diesen Momenten kommt Musik, die von Gott inspiriert ist und die Gott verherrlicht! Das kann ein Schreien oder Flüstern sein, aber sie wird zum Herzen der Menschen sprechen, weil sie aus einer Beziehung mit dem Schöpfer selbst geboren ist, dem Schöpfer der Schöpfung, dem Schöpfer der Kreativität!

Es gibt jede Menge ausgezeichnete Bücher über unsere mehrdimensionale Beziehung mit Gott. Werfen wir einen Blick auf ein paar bestimmte Kommunikationsformen, die Gott uns gab, um uns in der Beziehung mit ihm wachsen zu helfen:

- Zuhören. Das schließt das Lesen der Bibel, guter christlicher und biblisch fundierter Lehrbücher etc. ein. Es schließt auch ein zu erkennen, wenn er es ist, der durch andere Menschen, die Schöpfung, Umstände oder Wunder zu uns redet.

- Sprechen. Was wirklich erstaunlich ist: Der Schöpfer des Weltalls hört uns zu! Wir sprechen zu ihm natürlich im Gebet, aber auch durch unsere tiefsten Gedanken und unsere Handlungen.

- Gegenwart. Die Bedeutung des Wortes *Gegenwart* ist: Anwesenheit, Nähe. Manchmal spürt man seine Nähe auf unglaubliche Weise. Mancher berichtet davon, wie er ihn körperlich „bei sich“ fühlen könne. Dies ist sicherlich das Werk des Heiligen Geistes im Leben des Gläubigen und Teil unserer gesamten Beziehung mit dem Vater.

Das wird nicht häufig genug betont: Diese mehrdimensionale Beziehung mit Gott erfordert Zeit! Viele scheinen zu glauben, jeder neue Christ müsse das einfach kapieren, weil es doch so eindeutig biblisch ist. Natürlich: Jesus liebt dich und nimmt dich an. Das ist die Grundlage deines Glaubens an die Errettung durch ihn. Aber im Alltag wird dieser Basisglaube und die Sicherheit über seine Versorgung und seinen Schutz getestet.

> Gelobt sei Gott, der Vater unseres Herrn Jesus Christus, der uns nach seiner großen Barmherzigkeit wiedergeboren hat zu einer lebendigen Hoffnung durch die Auferstehung Jesu Christi von den Toten, zu einem unvergänglichen und unbefleckten und unverwelklichen Erbe, das aufbewahrt wird im Himmel für euch, die ihr aus Gottes Macht durch den Glauben bewahrt werdet zur Seligkeit, die bereit ist, daß sie offenbar werde zu der letzten Zeit. Dann werdet ihr euch freuen, die ihr jetzt eine kleine Zeit, wenn es sein soll, traurig seid in mancherlei Anfechtungen, damit euer Glaube als echt und viel kostbarer befunden werde als das vergängliche Gold, das durchs Feuer geläutert wird, zu Lob, Preis und Ehre, wenn offenbart wird Jesus Christus. Ihn habt ihr nicht gesehen und habt ihn doch lieb; und nun glaubt ihr an ihn, obwohl ihr ihn nicht seht; ihr werdet euch aber freuen mit unaussprechlicher und herrlicher Freude, wenn ihr das Ziel eures Glaubens erlangt, nämlich der Seelen Seligkeit (1. Petrus 1,3-9; siehe auch 1. Petrus 4,12).

Und es wird wachsen. Aber Wachstum erfordert Zeit. Nur sehr wenig im Leben eines Christen (wenn überhaupt etwas) gibt es als „Instant"-Version. Du mußt also lernen, an deinem geistlichen Leben zu arbeiten, um dein Vertrauen und deine Erfahrung von Gottes Treue zu vertiefen. Wenn du das tust, passiert etwas Wunderbares. Du wirst erleben, wie deine Beziehung mit Gott zu wirklicher Anbetung wächst, die Gott verherrlicht und die Seele befriedigt.

Anbeten, das können wir nie genügend tun, das machen wir in gewisser Hinsicht tatsächlich immer. Durch Anbetung wachsen wir selbst, und wir wachsen in Gott. Schon lange sage ich immer wieder, eines der Probleme der modernen christlichen Musikszene (der Musiker wie der Zuhörer) ist, daß wir wissen, wie wir unsere Musik genießen ... – wissen wir aber auch, wie wir anbeten? Natürlich denken viele Christen, sie beten an, während sie tatsächlich doch nur die Bewegungen mitmachen. Wenn Schritt eins Lobpreis ist, dann ist Schritt zwei, Gott von Herzen und wahrhaftig zu loben. Und mancher sagt, daß er in einem typischen christlichen Konzert Jesus direkt dort anbetet! Manchmal ja, manchmal nein. Weil es mehr mit einer Herzenshaltung als mit irgend etwas anderem zu tun hat, ist es schwer zu unterscheiden, ob jemand tatsächlich Gott preist oder nur emotional auf einen vorgegebenen Reiz reagiert. Natürlich (und das meine ich im Sinne des „natürlichen Menschen") gibt es auch die, die mit sehr menschlichen Vorurteilen „unterscheiden".

Aber da ist noch etwas Tieferes. Es ist nicht nur mein Vorrecht, sondern auch meine Pflicht, ihn anzubeten (Pflicht: Gott geben, was ihm gebührt). Anbetung zählt auch zu meinen größten Freuden. Im Lied, in der Stille, mit oder ohne dem Empfinden seiner Gegenwart bete ich ihn an. Er ist würdig! Amen, würdig, würdig und würdig des tiefsten, des höchsten Lobpreises, der Danksagung und Anbetung. Wenn wir an jenem Tag sein Angesicht sehen, dann werden wir wohl einen Level in der Anbetung erreichen, den wir heute nur ahnen können. Ich liebe Jesus! Ich bete ihn an! Er ist die wunderbarste Person, die es gibt! Und in diesen Zeiten der Anbetung versuche ich nicht nur, neue oder alte Möglichkeiten zu entdecken, wie ich ihm das alles sage, sondern dann dient er mir auch auf tausenderlei Weise, was mich besser verstehen läßt, *warum* ich ihn so sehr liebe – und warum ich ihn immer noch mehr und besser lieben muß.

Die besten Lieder werden wahrscheinlich in unserem Herzen zu ihm gesungen. Sie sind für niemand anderen. Sie sind auch auf keinen Fall für uns. Es sind reine, schlichte, heilige Liebesopfer. Einfache, echte Gaben an seine Majestät, Noten, Rhythmen und Wörter, die Anbetung ausdrükken gegenüber dem Anbetungswürdigen, Höchsten, Mächtigsten, Heiligsten, dem König der Könige und Herrn der Herren. Fang hier an. Komm hierher, zu dieser Einstellung, zurück. Diese eine wird alle anderen Beziehungen beeinflussen.

Wir haben also Grund, uns in unserer Berufung zu freuen (1. Korinther 7,23-24). Wenn das zufällig Musik ist, in Ordnung. Das ist keine Schande. Nur, wenn wir uns selbst von dem Gott entfernen, der beruft, leiden wir und die um uns herum, die von der Berufung mitbetroffen sind. Wenn unser Leben mit Gott und seinem Willen in Frieden ist, dann können wir uns durch unsere Berufung ausstrecken, um andere zu ihm zu ziehen. Einige werden hören und reagieren, andere nicht. Aber unsere erste Liebe muß zum Herrn hin und für ihn sein. Wenn wir alle Tiefen und Geheimnisse unserer Gemeinschaft mit ihm auskundschaften, werden andere davon berührt, weil diese Wechselwirkung in unserem Leben natürlich in unsere Musik einfließt. Wenn nicht, muß unsere Beziehung und deshalb unsere Verantwortung vor Gott in Frage gestellt werden. Solche Zeiten sind zum Musikmachen nicht geeignet. Es sind stille Zeiten. Wenn die Dinge zwischen uns und unserem Herrn wieder sind, wie sie sein sollten – dann singen wir!

Kapitel 2

Verantwortung gegenüber deiner Familie

Im Elternhaus

Ihr Kinder, seid gehorsam euren Eltern in dem Herrn; denn das ist recht. „Ehre Vater und Mutter", das ist das erste Gebot, das eine Verheißung hat: „auf daß dir's wohlgehe und du lange lebest auf Erden". Und ihr Väter, reizt eure Kinder nicht zum Zorn, sondern erzieht sie in der Zucht und Ermahnung des Herrn (Epheser 6,1-4).

Das Aufwachsen in einer Gesellschaft wie der unsrigen gehört sicher zu den härtesten Dingen im Leben! Es ist zweifellos frustrierend, wenn es über das, was dir mit am meisten Spaß macht – deine Musik –, bei dir zuhause am häufigsten Streit gibt.

Wir alle müssen uns vor Augen halten, daß auch wir eines Tages erwachsen werden, wahrscheinlich heiraten, eigene Kinder bekommen und den ganzen Prozeß wiederholen – mit dem einen Unterschied, daß wir unseren Kindern mehr Verständnis entgegenbringen und ihnen mehr Freiheit einräumen werden als unsere Eltern uns, nicht? Vergiß es!

In vielen Bereichen sind Menschen mal gleicher und mal unterschiedlicher Meinung. Und dann und wann halten wir unsere Eltern für so blöd wie sie offenbar auch uns. Viele von ihnen können Guns n' Roses nicht von Michael Card unterscheiden. (Nicht beleidigt sein, Michael, dich mag ich viel lieber.) Und sie denken, der Wunsch, unsere Musik auf unsere Weise zu spielen, sei sündig im allgemeinen und rebellisch im besonderen. Außerdem mögen sie diese Musik nicht und können sich beim besten Willen nicht vorstellen, warum wir sie gern hören, oder sie tun, als ob sie es wüßten, – und gute Christen haben aus solchen Gründen nichts zu mögen. Oder irgend so etwas.

Ich will dir mal erzählen, wie es bei mir zuhause war. Danach denken wir über dich nach und sehen, wo sich unsere Geschichten ähneln und wo sie sich unterscheiden.

Und dann werden wir uns etwas mehr mit den Schwierigkeiten beschäftigen, die man als Musiker im Elternhaus durchstehen muß. Meine Familie war in vielerlei Hinsicht ziemlich typisch: Mittelklasse, lebte zuerst in einer Kleinstadt im mittleren Westen und zog dann in den ziemlich durchschnittlichen Vorort einer größeren Stadt. Wir Kinder gingen in staatliche Schulen und waren da mittelmäßige Schüler; wir hätten besser sein können, arbeiteten aber nicht daran, weil wir es nicht für wichtig hielten. Wir verbrachten viel Zeit mit unseren Freunden und hatten einen Hund – du verstehst, ja? Nun, meine Eltern ließen sich scheiden, meine Schwester heiratete, und mein Bruder ging zur Armee und heiratete später. Ich war das jüngste der drei Kinder.

Früher war meine Mutter eine begabte Sängerin gewesen, bis Zigaretten usw. dem ein Ende machten. In der Highschool in Milwaukee hatte sie Gesangswettbewerbe gewonnen und ziemlich gut Klavier und Akkordeon gespielt. Mein Vater hatte Saxophon in Tanz-Bands gespielt, und sie mochten beide gern Musik, obwohl ich mich nicht daran erinnere, daß zuhause viel musiziert worden wäre. Als ich noch recht klein war, hörten meine Geschwister Popmusik, aber zu meiner Teenager-Zeit waren sie schon aus dem Haus und beeinflußten mich also nicht mehr. Meine Mutter hörte Judy Garland, Sinatra, Mantovani – so etwas. Um offen zu sein, ich fand das ganz in Ordnung. Es erstaunte mich selber, wieviel Sorten Musik und Stilrichtungen innerhalb jedes Genres ich mochte! Und bis heute ist der einzige Stil, den ich echt nicht gerne höre, Jazz ... aber selbst davon mag ich bestimmte Formen.

Ich war im Grunde immer fett, extrovertiert und sehr einsam. Ich hatte jede Menge Bekannte und verbrachte unendlich viel Zeit vor dem Radio und Fernsehen. Später wurde es dann etwas wilder. Weißt du, wenn man unsicher ist und das Gefühl hat, daß es im Leben nur eine wirklich gute Sache für einen gibt, dann puscht man die mit aller

Kraft. Ich konnte singen. Ich konnte eine Menge Instrumente zumindest ziemlich gut spielen. Und sobald ich den Versuch machte, konnte ich Musik und Texte schreiben, fand Zugang zu Bands, konnte meine eigene Band aufmachen und endlich wer sein.

Cool sein ist wichtig, wenn du dich fragst, warum du eigentlich auf der Welt bist. Keiner in meiner Familie lebte je als echter, praktizierender Christ. Ich hatte viele tiefe Verletzungen und zweifelte, ob ich die Kugel wert wäre, um mich zu erschießen. Abgesehen von dieser einen Ausnahme, meiner Musik, glaubte ich es nicht. Dann, vor dem letzten Schuljahr in der Highschool, verlor ich während eines exzessiven Hunger- und Drogen-Sommers dreißig Kilo. Ich war im Eimer, zerstörte mich selbst. Und als ich im Herbst wieder in die Schule kam – gab es den großen Absturz.

Das beste, was mir hätte passieren können, brachte mich fast um. Am ersten Tag nach den Ferien erkannte mich keiner! Ich war das ganze Übergewicht los, und plötzlich begann die eine Gruppe Menschen, zu der ich noch nie eine wunschgemäße Beziehung hatte entwickeln können – na, Mädchen –, mich offensichtlich zu mögen, und zwar nicht nur kameradschaftlich ... Das gefiel mir natürlich. Allerdings merkte ich noch nicht einmal, wenn jemand mit mir flirtete! Verstehst du? Das war mir einfach bis dahin noch nie untergekommen!

Wenn jeder in deiner Familie betrügt und betrogen wird und du ohne echtes Verständnis von Gottes Wort und Wesen aufwächst, dann wirst du schnell verletzt, du verletzt andere, und du *fliehst* Verbindlichkeit. Ich traute Mädchen nicht wirklich über den Weg. Ich traute niemandem. Und ich merkte, daß ich mir selbst auch nicht trauen konnte.

Musik war ein treuer Freund. Ich wollte, daß die Rockstars mich liebten, und ging davon aus, daß sie das irgendwie tun würden. Sie sprachen von genau den Dingen, über die ich die ganze Zeit nachdachte und redete. Sie verstanden eine Menge vom Leben ... dachte ich zumindest. Und Musik drängte sich nicht auf. Musik ließ mit sich geschehen, was ich mit ihr machte. Ob ich etwas anhören wollte oder nicht: Ich drehte einfach am Knopf oder machte aus, ging rein ins Konzert oder raus aus dem Konzert. Ganz einfach!

Nichts in meinem Leben oder meiner Umgebung hielt ich für sinnvoller als meine Musik. Nichts brachte mir so viel Freude und Erfüllung, bis ich Jesus Christus bat, in mein Herz zu kommen und absoluter Herr meines Lebens zu werden. Aber bis zu dem Tag schien nur Musik die Leere in meinem Leben auszufüllen.

Das ist meine Geschichte. Als nächstes wollte ich ja über deine Familie sprechen und versuchen, einige der Schwierigkeiten zu behandeln, durch die wir als Musiker im Elternhaus alle gehen.

Durch die Nachfolge Jesu lernte ich schon früh einige Dinge: Streite nicht über Musik. Wenn es zwischen dir und deiner Familie Differenzen gibt, hilft vielleicht ein Gespräch mit einem Jugendleiter, dem alle vertrauen, weiter, aber ich meine das ernst – wenn du und deine Familie die Streitpunkte nicht „im Geist" besprechen könnt, vergiß es! Ihr werdet sündigen (mindestens einer, wenn nicht alle), wenn ihr einfach immer wieder über Musikgeschmack streitet. Bete. Gehorche deinen Eltern. Verliere nicht Jesus um der Musik willen! Erhebe Musik nicht zum Götzen. Götzendienst wird in der Bibel mehrmals als einer der Wege aufgeführt, die in der Hölle enden, sei also ernsthaft mit dem Gebet und dem Gehorsam deinen Eltern gegenüber. Achte darauf, daß du genausoviel Zeit für Jesus und andere Menschen aufwendest wie für Musik ... sonst bist du ebenso unausgewogen wie manch einer, mit dem du gerne streiten würdest! Musik ist ein lausiger Ersatz für Bibellesen, Gebet, geistliche Gespräche mit Christen und Zeugnisgeben von Jesus. Akzeptiere das. Es ist so. Möchtest du, daß es dir „wohlergeht"? Lies noch einmal die Verse am Anfang dieses

Kapitels. Arbeite daran, über deine wahren Motive so ehrlich zu sein, wie du kannst. Wenn du volljährig bist und nicht mehr bei deinen Eltern wohnst, dann bist du frei, dich so durch Musik auszudrücken, wie du es vor Gott und in biblischem Sinn für richtig hältst. Man denkt, bis dahin ist es noch eine Ewigkeit, aber die Zeit kommt bald genug. Denk mal über Gottes Weisheit in dieser Schriftstelle nach:

> Denn der Herr ist mein Teil, spricht meine Seele; darum will ich auf ihn hoffen. Denn der Herr ist freundlich dem, der auf ihn harrt, und dem Menschen, der nach ihm fragt. Es ist ein köstlich Ding, geduldig sein und auf die Hilfe des Herrn hoffen. Es ist ein köstlich Ding für einen Mann, daß er das Joch in seiner Jugend trage (Klagelieder 3, 24-27).

Jesus sagt, dieses Joch sei leicht: „Nehmt auf euch mein Joch und lernt von mir; denn ich bin sanftmütig und von Herzen demütig; so werdet ihr Ruhe finden für eure Seelen. Denn mein Joch ist sanft, und meine Last ist leicht“ (Matthäus 11,29-30). Manchmal sieht es aber nicht so aus. Wenn wir in Jesu Sanftmut und Demut hineinwachsen, dann können wir in ihm Ruhe finden, ob unsere Eltern uns musikalisch grünes Licht geben oder nicht. Lies Hebräer 12,5-14.

> ... und habt bereits den Trost vergessen, der zu euch redet wie zu seinen Kindern (Sprüche 3,11.12): „Mein Sohn, achte nicht gering die Erziehung des Herrn und verzage nicht, wenn du von ihm gestraft wirst. Denn wen der Herr liebhat, den züchtigt er, und er schlägt jeden Sohn, den er annimmt.“ Es dient zu eurer Erziehung, wenn ihr dulden müßt. Wie mit seinen Kindern geht Gott mit euch um; denn wo ist ein Sohn, den der Vater nicht züchtigt? Seid ihr aber ohne Züchtigung, die doch alle erfahren haben, so seid ihr Ausgestoßene

> und nicht Kinder. Wenn unsre leiblichen Väter uns gezüchtigt haben und wir sie doch geachtet haben, sollten wir uns dann nicht viel mehr unterordnen dem geistlichen Vater, damit wir leben? Denn jene haben uns gezüchtigt für wenige Tage nach ihrem Gutdünken, dieser aber tut es zu unserm Besten, damit wir an seiner Heiligkeit Anteil erlangen. Jede Züchtigung aber, wenn sie da ist, scheint uns nicht Freude, sondern Leid zu sein; danach aber bringt sie als Frucht denen, die dadurch geübt sind, Frieden und Gerechtigkeit. Darum stärkt die müden Hände und die wankenden Knie und macht sichere Schritte mit euren Füßen, damit nicht jemand strauchle wie ein Lahmer, sondern vielmehr gesund werde. Jagt dem Frieden nach mit jedermann und der Heiligung, ohne die niemand den Herrn sehen wird.

Disziplin, Heiligkeit und richtig zu leben sind keine Optionen für den Christen, sondern grundlegend wichtig. Denk an Jesus am Kreuz, und dann überlege, ob du nicht den Bitten deiner Eltern bezüglich deines Musiklebens nachgeben willst. Was ist schlimmer? Wir wissen gar nicht, was Leiden wirklich bedeutet! Aber Liebe und Gebet und nach dem Wort unseres himmlischen Vaters zu leben wird uns helfen, das Beispiel zu sein, das unsere Familie braucht, um auch zum Wachstum im Herrn angespornt zu werden. „Niemand verachte dich wegen deiner Jugend; du aber sei den Gläubigen ein Vorbild im Wort, im Wandel, in der Liebe, im Glauben, in der Reinheit“ (1. Timotheus 4,12). Eltern können ihre Kinder „zum Zorn reizen“. Gott sagt, sie sollen das nicht tun, aber manchmal sündigen sie auf diese Weise. Sie unterweisen ihre Kinder nicht so im Herrn, wie sie sollten. Wenn diese Fehler schon in Pastorenfamilien gemacht werden, wieviel mehr dort, wo Mutter und/oder Vater noch nicht einmal Christen sind?

Meine Frau und ich haben vier der besten Kinder auf dem Planeten. Wir lieben sie von ganzem Herzen. Wir beten immer für sie und strengen uns an, ihnen zu helfen, biblische Entscheidungen zu treffen. Manchmal reizen wir einander zum Zorn. Aber „Liebe deckt alle Übertretungen zu" (Sprüche 10,12). Wir haben gelernt, um Vergebung zu bitten, wenn einer von uns dem anderen etwas angetan hat. Wenn du dir die Liebe zum Ziel setzt, dann wirst du sehen, daß Musik den richtigen Platz einnimmt. Vielleicht fängst du sogar an, Stilrichtungen zu mögen, die dich vorher noch nie interessierten.

Und denk daran, bald wird der Tag kommen, an dem du dich genauso verhalten wirst wie deine Eltern, als sie erwachsen wurden. Du wirst in aller Freiheit hören und spielen können, was du möchtest. Untersuche die Schrift nach einem guten Verständnis dessen, was Gott über Musik sagt. Lerne anzubeten. Lerne zuzuhören. Vor dir liegt eine Zeit, in der du dich völlig ausdrücken kannst. Bis dahin wirst du hoffentlich gelernt haben, daß deine Eltern von Gott nicht für ihren Einfluß auf deine Musikrichtung gerichtet werden. Wenn du auf eigenen Füßen stehst, trägst du allein die Verantwortung für deine Motive. Von da an gibt es niemanden mehr, dem man die Schuld in die Schuhe schieben könnte.

Danke Gott für verständnisvolle Eltern, die das Wort kennen und nicht zulassen, daß ihre persönlichen Vorlieben deinen musikalischen Werdegang bestimmen. Aber die anderen unter euch müssen Gott auch danken – für Eltern, die wenigstens versuchen, euch ihre Werte beizubringen, weil ihre Werte, so weit sie es verstehen, richtig sind. Richtig oder nicht, besorgte Eltern sind besser als solche, denen es völlig egal ist, ob und wie du aufwächst oder wo du einmal landen wirst! Denk mal darüber nach. Viele Leute wären froh, wenn sie so gute Eltern hätten wie du.

Noch viel mehr Menschen wären froh, wenn sie einen Vater im Himmel hätten wie du, wenn ihnen das vielleicht auch nicht bewußt ist. Musik ist nur eine Möglichkeit, ihnen von ihm zu erzählen. Es gibt andere – eigentlich sogar viel bessere Möglichkeiten. Interessanterweise wird Jesus nicht gerade als besonderer Musiker oder auch nur Sänger dargestellt. Aber ich liebe ihn genauso, wie ihn das Buch offenbart, ob er mich jetzt in der Musik gebraucht oder nicht. Jesus Christus *ist* mein Leben; musizieren gehört einfach zu den Dingen, die ich tue, um ihm zu gehorchen. Es ist eine Anbetungshandlung unter mehreren. Aber wenn man noch im Elternhaus lebt, muß sich das mit dem Gehorsam gegenüber den Eltern die Waage halten, weil Gott beides gebietet! – Alles bisher Gesagte kann sowohl auf männliche wie auf weibliche Künstler bezogen werden. Im folgenden bewirkt mein männlicher Standpunkt gewisse Einschränkungen. Ich kann zum Beispiel nicht über die besonderen Probleme schreiben, die eine verheiratete Künstlerin vielleicht hat, obwohl natürlich vieles von dem, was ich zu sagen habe, auch auf sie zutrifft.

In der Ehe

Ich möchte aber, daß ihr ohne Sorge seid. Wer ledig ist, der sorgt sich um die Sache des Herrn, wie er dem Herrn gefalle; wer aber verheiratet ist, der sorgt sich um die Dinge der Welt, wie er der Frau gefalle, und so ist er geteilten Herzens. Und die Frau, die keinen Mann hat, und die Jungfrau sorgen sich um die Sache des Herrn, daß sie heilig seien am Leib und auch am Geist; aber die verheiratete Frau sorgt sich um die Dinge der Welt, wie sie dem Mann gefalle. Das sage ich zu eurem eigenen Nutzen; nicht um euch einen Strick um den Hals zu werfen, sondern damit es recht zugehe und ihr stets und ungehindert dem Herrn dienen könnt (1. Korinther 7,32-35).

Laß mich das gleich klarstellen: Einfach wird es nicht! So mancher träumt von der Ehe mit einem christlichen Musiker und von all den „Herrlichkeiten“, die angeblich mit unserem Lebensstil einhergehen. Andere fragen sich, wie um alles in der Welt sie je einen Musiker heiraten konnten. Es kostet manchmal sehr viel, Gott durch Musik zu dienen. Bevor du heiratest, sei so sicher wie möglich, daß dein zukünftiger Partner bereit ist, diese Kosten zu teilen.

Allzuviele Leute haben Sterne vor Augen und, offen gesagt, Schotter im Kopf. Die Geschichte der Gospelmusik, die kürzere Geschichte der modernen christlichen Musik und die Berichte der Reiseevangelisten und Gemeindepastoren machen alle gleichermaßen klar: Wenn der Ehepartner die Berufung nicht teilt, wird er mit Sicherheit an einer gewaltigen Misere Anteil haben. Die einsamen Stunden, das Zuhausebleiben von Müttern um der Kinder willen, ständiges Reisen und das Leben aus dem Koffer können eine Ehe wirklich sehr belasten.

Bevor wir heirateten, erzählte ich Wendi von jeder möglichen Wendung, die für die Zukunft unseres Musikdienstes zu erwarten war. Ich versuchte, so ehrlich wie möglich darzustellen, was es sie kosten würde, mich zu heiraten, besonders im Hinblick auf Gottes Ruf in meinem Leben. Ich wollte ihr die Möglichkeit einräumen, dem Herrn auch in einer anderen Berufung zu folgen. Das letzte, was ich wollte, war, daß sie durch Gottes Berufung auf diesen schmaleren Weg verletzt werden würde. Ich teilte ihr mit, was ich glaubte, als Gottes Plan für die Zukunft der REZ-Band zu erkennen – die Vision. Und nachdem sie das alles gehört hatte, sagte sie ja.

Viele Leute müssen erst lernen, daß Ehe ebensoviel mit Gehorsam und richtigen Entscheidungen zu tun hat wie mit „Liebe“. Sie werden so sehr von ihren Emotionen oder einer romantischen Vorstellung von Liebe getrieben – in die Liebe selbst verliebt –, daß sie sich und ihrem zukünftigen Ehepartner die harten Fragen über zukünftige Kosten nicht stellen. Jüngerschaft kostet etwas. Eine Ehe kostet auch etwas. Und doch bedeuten beide sehr reale Segnungen.

Du mußt wissen, daß wir damals keine Ahnung davon hatten, wie der Herr Wendi in die Band hereinziehen würde. Ihre Vorstellung davon, mir rund um den Globus an viele merkwürdige Orte zu folgen, an denen REZ dienen würde, schloß nicht automatisch ein, daß sie als Teammitglied mitkommen würde. Im Grunde sagte sie mir: „Ich will gehen, wohin du gehst, und bleiben, wo du bleibst." Das ist wirklich eine Frau Gottes, die so eine Art selbstloser Hingabe auslebt. Brüder und Schwestern im Dienst – heiratet Diener!

Eine ganz praktische Hilfe ist das Hinzuziehen des mitreisenden Ehepartners, wenn jemand seines Geschlechts ein tieferes Gespräch will oder braucht. Wenn sich das Thema nicht dazu eignet, daß du damit weitermachst, oder wenn du nur einfach spürst, daß eigentlich Beachtung und ein Flirt gesucht werden, dann ist dein Ehepartner derjenige, der das Gespräch übernehmen sollte. In dieser Hinsicht habe ich dem Herrn schon oft für Wendis Platz in REZ und in meiner Ehe gedankt!

Bevor sich die Band formierte, wurde recht viel gebetet, gefastet und Bestätigung durch andere gesucht. Dasselbe ernsthafte Fragen, Suchen und Abklopfen nach klarer Führung fand statt, bevor wir heirateten. Das hat mich nie gereut, und ich habe mich noch nie dafür geschämt. Wenn du echt daran arbeitest, tagtäglich auf der Grundlage des Gehorsams vor Gott zu leben statt auf der Grundlage persönlicher Wünsche, fällt es dir viel leichter, ihm für die Erfüllung deiner verschiedenen Bedürfnisse zu vertrauen. Dann gewinnt dein Leben an Frieden und Sicherheit.

Leiden und Opfer gehören zum Leben. Dafür ist Jesus das beste Beispiel. „Niemand hat größere Liebe als die, daß er sein Leben läßt für seine Freunde" (Johannes 15,13). Was bedeutet dieser Vers, auf einen verheirateten christlichen

Musiker bezogen? Einige praktische Schwierigkeiten wurden schon genannt. Wir wollen eben noch ein paar weitere ansehen.

Keine Ehefrau hört gern, wie ihr Ehemann von Gemeindeleitern fertiggemacht wird wegen der Methode, von der er glaubt, daß Gott ihn durch sie dienen läßt. Kein Ehemann läßt seine Frau gern allein im Haus oder in der Wohnung zurück, weil er alles mögliche befürchtet, das während seiner Abwesenheit passieren könnte. Dann steht sie den ganzen Rechnungen allein gegenüber. Sie macht sich Gedanken über seine Reinheit, wenn er in einer Welt voll einsamer, gebrochener Leben herumreist. Er macht sich Gedanken, ob ihre Stellung in einem weltlichen Geschäftsbetrieb wirklich das beste für sie ist.

Es kann so viel passieren, daß ich wohl nicht über das Auto sprechen muß, das in seiner Abwesenheit kaputtgeht, Wasserrohrbrüche usw. usw. Es ist nicht leicht für sie zu wissen, daß er Sicherheit und Bestätigung durch das Publikum bekommt, während ihr die vier Wände und einige Freundinnen bleiben (wenn überhaupt), die die Berufung des Ehepaares vielleicht nicht genug verstehen, um sie in dunklen Zeiten zu ermutigen.

Die andere Möglichkeit für ein Ehepaar ist, zusammen zu reisen. Dann wird all der körperliche, geistliche und emotionale Druck des Unterwegsseins miteinander geteilt. Je nach Situation schläfst du vielleicht jede Nacht in einem anderen Bett, spielst täglich in einer anderen Stadt, Kirche oder vor anderer Zuhörerschaft und siehst dich vielen, vielen verletzten Menschen und Härtesituationen gegenüber. Stellst du dir das sehr angenehm vor? Dann mußt du dafür sorgen, daß du wertvolle Zeit mit deiner Frau verbringst, denn wenn sie in der Gruppe arbeitet oder mit dem Sound oder im kaufmännischen Bereich oder wo auch immer, ist sie genauso gefordert wie du. Obwohl ihr zusammen *reist*, seid ihr nicht in der Lage, viel zusammen zu *sein* bis auf spät nachts, wenn ihr beide zu ausgelaugt seid, um viel mehr zu machen als euch in den Schlaf zu beten!

Und dann gibt es Proben, Interviews und vieles mehr. Das kann nach einer Zeit ganz schön ermüdend sein – ganz zu schweigen von den „Downtimes", wenn es nicht viele Konzerte gibt.

Vielen fällt es sehr schwer, ihren Tagesablauf täglich ändern zu müssen, und sie müssen sich erst eine Weile wieder daran gewöhnen, „normal" zu sein. Du kannst jeden im Musikdienst fragen, ob das zutrifft. Immer müssen wir perfekte Vorbilder sein, und es gibt Momente, wo wir uns fragen, ob wir überhaupt als Ehepartner funktionieren!

Ich habe schon oft gesagt: Wenn Gott dich beruft, anderen zu dienen, muß dir klar sein, daß dein Leben wirklich nicht mehr dir allein gehört. Wer in irgendeiner Art von öffentlichem Dienst steht, ist nicht nur Gott und seiner Gemeinde gegenüber verantwortlich, sondern auch in gewissem Sinn den Menschen, zu denen Gott ihn sendet. Das fordert manchmal ganz schön. Wenn es aber Gottes Wille für dich ist, durch Musik oder eine andere öffentliche Aufgabe zu dienen, mußt du lernen, ein uneigennütziger Verwalter deiner Zeit zu sein. Wenn du verheiratet bist, werdet ihr es beide lernen müssen.

Nun einige Grundlagen für die Verheirateten oder die, die eine Ehe ernsthaft anstreben. Wenn du eine klare, bestätigte Berufung zu irgendeinem Aspekt des Musikdienstes hast, dann solltest du mit deinem (evtl. zukünftigen) Ehepartner ernsthaft darüber beten und sprechen. Je nachdem, wie er reagiert, mußt du dich entscheiden, wem du in erster Linie dienst. Vor vielen Jahren machte ich ganz klar, daß ich aus dem, was ich ganz sicher für den Willen Gottes für mein Leben hielt, nicht herausfallen würde – um niemandes willen. Ich muß das wieder sagen, und zwar deutlich: Wenige Pastoren machen sich die Mühe, jungen angehenden Predigern oder Leuten im Musikdienst usw. zu raten, entweder ledig zu bleiben oder jemanden zu heiraten, der genauso von Gott berufen und an den Dienst hingegeben ist wie sie.

Gott haßt Scheidung. Es gibt biblische Gründe dafür, aber in seinem Herzen ist Trennung für das, was er vereinte, nicht vorgesehen.

> Da traten Pharisäer zu ihm und versuchten ihn und sprachen: Ist's erlaubt, daß sich ein Mann aus irgendeinem Grund von seiner Frau scheidet? Er aber antwortete und sprach: Habt ihr nicht gelesen: Der im Anfang den Menschen geschaffen hat, schuf sie als Mann und Frau und sprach (1. Mose 2,24): „Darum wird ein Mann Vater und Mutter verlassen und an seiner Frau hängen, und die zwei werden ein Fleisch sein"? So sind sie nun nicht mehr zwei, sondern ein Fleisch. Was nun Gott zusammengefügt hat, das soll der Mensch nicht scheiden! Da fragten sie: Warum hat dann Mose geboten, ihr einen Scheidebrief zu geben und sich von ihr zu scheiden? Er sprach zu ihnen: Mose hat euch erlaubt, euch zu scheiden von euren Frauen, eures Herzens Härte wegen; von Anfang an aber ist's nicht so gewesen. Ich aber sage euch: Wer sich von seiner Frau scheidet, es sei denn wegen Ehebruchs, und heiratet eine andere, der bricht die Ehe. Da sprachen seine Jünger zu ihm: Steht die Sache eines Mannes mit seiner Frau so, dann ist's nicht gut zu heiraten. Er sprach aber zu ihnen: Dies Wort fassen nicht alle, sondern nur die, denen es gegeben ist. Denn einige sind von Geburt an zur Ehe unfähig; andere sind von Menschen zur Ehe unfähig gemacht; und wieder andere haben sich selbst zur Ehe unfähig gemacht um des Himmelreichs willen. Wer es fassen kann, der fasse es! (Matthäus 19,3-12).

Einer der Vorwürfe, denen sich christliche Musiker (und andere) heute ausgesetzt sehen, ist, daß die Scheidungsrate unter ihnen ein deutliches Zeugnis von der Heuchelei in ihrem Leben ablegt – im Leben eines oder beider Partner. Wie können wir dem begegnen? Mit sicherem, ungeteiltem Dienst in Christus. Oder, wie in meinem Fall, mit einer soliden Ehe, die sich auf biblische Prinzipien gründet und einer Gemeinde untergeordnet ist, in der bei Bedarf gute Eheberatung in Anspruch genommen werden kann.

Es gibt nur zwei andere Möglichkeiten, und die sind beide nicht gut. Entweder läßt du dich scheiden, oder du folgst nicht Gottes Willen im Dienst. Möchtest du dich wirklich in solch eine Lage begeben? Möchtest du selber durch diese Hölle auf Erden gehen oder ein anderes menschliches Wesen gehen lassen? Gott ist wichtiger als die Ehe. Und die Ehe ist wichtiger als dein Ich.

Die harte Realität im christlichen Dienst macht viele verdrießlich. Eine „bittere Wurzel“ entsteht, und viele werden dadurch nicht nur verunreinigt, sondern schaden der Ansicht Ungläubiger über Jesus und sein Evangelium. Lies einmal ganz aufmerksam Hebräer 12,12-17:

> Darum macht die erschlafften Hände wieder stark und die wankenden Knie wieder fest, und ebnet die Wege für eure Füße, damit die lahmen Glieder nicht ausgerenkt, sondern geheilt werden. Strebt voll Eifer nach Frieden mit allen und nach der Heiligung, ohne die keiner den Herrn sehen wird. Seht zu, daß niemand die Gnade Gottes verscherzt, daß keine bittere Wurzel wächst und Schaden stiftet und durch sie alle vergiftet werden, daß keiner unzüchtig ist oder gottlos wie Esau, der für eine einzige Mahlzeit sein Erstgeburtsrecht verkaufte. Ihr wißt auch, daß er verworfen wurde, als er später den Segen erben wollte; denn er fand

> keinen Weg zur Umkehr, obgleich er unter Tränen danach suchte (Einheitsübersetzung).

Wir sollen uns stark machen und unseren Füßen die Wege ebnen, jede Anstrengung unternehmen, um in Frieden zu leben und heilig zu sein. Wir sollen zusehen, daß niemand die Gnade Gottes versäumt. Wir sollen auf die bittere Wurzel achten. *Wir* sollen aufpassen, daß „keiner unzüchtig ist oder gottlos wie Esau", und das ist unser Problem. In diesen Versen wird unsere Verantwortung klar hervorgehoben. Gott ist in Ewigkeit für sein Handeln verantwortlich. Und auch wir werden den Folgen unserer Handlungen gegenübergestellt werden. Mit all dem im Hinterkopf empfehle ich folgendes:

- Wenn du ernsthaft vorhast, sowohl zu heiraten als auch in einen christlichen Dienst zu gehen, richte wenn irgend möglich tägliche Gebets- und Bibellesezeiten mit deinem Partner ein.

- Baue eine langfristige Beziehung mit Paaren auf, die eine gute Ehe führen und für den Herrn in einem christlichen Musikdienst arbeiten (nimm allerwenigstens Kontakt auf). Stelle ihnen ehrliche Fragen. Höre auf biblisch fundierte Antworten, aus denen die Erfahrung spricht.

- Schließe dich verbindlich einer starken Gemeinde an, in der biblische Seelsorge angeboten wird. Ich erzähle dir eine traurige Tatsache über das Leben: In einer jungen Ehe (und manchmal sogar in älteren Ehen, die auf schlechtem oder schwachem Fundament stehen) wissen die Ehepartner einfach nicht, wie sie Probleme angehen sollen. Sie dreschen aufeinander los. Das Buch sagt, wir kämpfen nicht gegen Fleisch und Blut, aber Satan wird sein Bestes (Schlimmstes?) geben, um uns von dem Ge-

genteil zu überzeugen. Dafür biete ich eine Lösung an: eine verbindliche Beziehung mit mindestens einem Unparteiischen außerhalb der Ehe, der selbst weder Schaden noch Nutzen aus dem Streit ziehen kann – jemand, der euch beide liebt. Er kann helfen, daß ihr biblisch streitet. Er kann euch bei der Lösungssuche behilflich sein. Die andere Möglichkeit ist die, die zu viele Paare wählen: Sie verstecken sich in dem kleinen Bunker ihres „Heims" und kämpfen drauflos wie Katz und Hund ... ganz alleine. Sicher, es geht ja niemanden an – solange sie nicht zu einer Gemeinde gehören, die sich biblisch mit Sünde auseinandersetzt und so etwas anspricht!

Sind wir der Hüter unseres Bruders? Was ist Heuchelei? Wie tragen wir einer „des andern Last" und erfüllen „so das Gesetz Christi" (Galater 6,2), wenn wir uns nicht mit streitenden Paaren in unseren Gemeinden befassen? Wenn du dir eine bessere Art vorstellen kannst zu lieben, Liebe auszudrücken und biblische Lösungen für eine verletzte Ehebeziehung zu finden, dann setz dich auf jeden Fall mit mir in Kontakt. Ich bin nämlich ein Pastor, der verzweifelt versucht, seiner Gemeinde biblisch zu dienen! Zu viele Christen haben die Wahrheit nicht erkannt, daß wir biblische Prinzipien für das Wachsen unserer Ehebeziehungen nicht erst kurz vor einer Trennung besprechen müssen. Und nebenbei, ihr braucht beide die Demut, dieser Tatsache ins Auge zu sehen. Mit anderen Worten: Wenn einer von euch denkt, es sei an der Zeit, gewisse Dinge mit einem Pastor oder älteren Christen zu besprechen, dann solltet ihr das beide tun!

- Lest soviel Bücher wie möglich zu diesen Themen. Es gibt eine Menge. Die meisten Pastoren und jede christliche Buchhandlung können euch bei der Auswahl behilflich sein. Wir fanden „*Die christliche Familie*" von Larry Christenson und alle Veröffentlichungen von James Dobson und Ed Wheat hilfreich. Damit habt ihr zumindest einen Ausgangspunkt für weiteres Studium.

Wenn Satan etwas möchte, dann Beziehungen zerstören. Die erste Beziehung, die er untergraben will, ist die zwischen dir und Gott. Als nächstes steht deine Ehe auf seiner Hitliste. Manchmal kann man jemanden besser treffen, wenn man es nicht direkt macht, sondern durch seine Familie. Damit hat jeder Gläubige – und somit jeder christliche Musiker – zu tun.

Im Anfang unserer Ehe erlebten meine Frau und ich das fortwährend. Unsere Hingabe an Jesus, aneinander und an Gottes Berufung (durch Musik evangelisieren und zu Jüngern machen) wurde ständig getestet. Diese frühen Zeiten von Gebet, Bibelstudium, Diskussionen und der Input unserer Gemeinde in unser Leben durch Lehre, Seelsorge, Kassetten usw. waren schon recht turbulent! Wir waren sehr jung, ziemlich stur und ganz schön stolz – und deshalb streitsüchtig! Dank des festen Fundaments waren wir aber schließlich doch in der Lage, in jeder dieser wichtigen Beziehungen treu zu bleiben. (Falls du es noch nicht bemerkt hast: Genau darum geht es in diesem Buch.) In unserer Gemeindefamilie (Jesus People USA) gab es immer Leute, die für uns beteten, uns ermutigten und, ja, korrigierten, wenn wir in Gefahr waren, vom Weg abzukommen. Darüber hinaus bewiesen die, die uns am offensten zurechtwiesen, daß sie unsere besten und engsten Freunde waren. Überlege einmal, welche Weisheit aus Sprüche 27,5-6 spricht: „Offene Zurechtweisung ist besser als Liebe, die verborgen bleibt. Die Schläge des Freundes meinen es gut; aber die Küsse des Hassers sind trügerisch." Es ist kein Geheimnis, wie Musiker Stabilität für ihre Ehe erreichen. Die kommt durch Nachdenken und harte Arbeit. Es braucht Zeit. Und sie kommt, wenn beide Partner biblische Lebensmuster und biblische Beziehungen anstreben und aufbauen. Das ist natürlich leichter gesagt als getan. Es ist aber weder unmöglich noch außerhalb der Fähigkeiten eines jeden von uns. Denn in gewisser Hinsicht ist das Paar, das in einem Musikdienst mitmacht, nicht anders als jedes andere christliche Paar. Gottes Gnade genügt! „Und er hat zu mir gesagt: Laß dir an meiner Gnade genügen; denn meine Kraft ist in den Schwachen mächtig. Darum will ich mich am allerliebsten rühmen meiner Schwachheit, damit die Kraft Christi bei mir wohne" (2. Korinther 12,9).

Mit Kindern

Und ihr Väter, reizt eure Kinder nicht zum Zorn, sondern erzieht sie in der Zucht und Ermahnung des Herrn (Epheser 6,4).

Der soll das Herz der Väter bekehren zu den Söhnen und das Herz der Söhne zu ihren Vätern, auf daß ich nicht komme und das Erdreich mit dem Bann schlage (Maleachi 3,24).

Im Buch der Psalmen habe ich drei Verse wirklich gerne: „Siehe, Kinder sind eine Gabe des Herrn, und Leibesfrucht ist ein Geschenk. Wie Pfeile in der Hand eines Starken, so sind die Söhne der Jugendzeit. Wohl dem, der seinen Köcher mit ihnen gefüllt hat! Sie werden nicht zuschanden, wenn sie mit ihren Feinden verhandeln im Tor" (Psalm 127,3-5).

Wenn der Herr eurer Ehe Kinder gibt, wirst du staunen, welchen Segen sie mitbringen! Kinder sind etwas ganz Besonderes für eine Familie. Aber durch sie wirst du auch buchstäblich bis zum Äußersten gefordert. Ganz sicher kostet jede Beziehung etwas, wenn sie es wert ist, daß man sie hat. Und ich muß sagen, daß Kinder die Perspektive und den Dienst eines christlichen Musikers radikal ändern.

Fangen wir mit Psalm 127 an.

Kinder sind Geschenke, ernsthaft! Als Gott Kinder in mein Leben brachte, tat sich ein neues Lernfeld auf, das zu einem Teil immer noch vor mir liegt – und es ist schon viele Jahre her, daß unser erstes Kind die Szene betrat.

Manche Leute wuchsen umgeben von Kindern auf. Ich nicht. Ich war nicht nur der jüngste in meiner Familie, ich kann mich noch nicht einmal erinnern, daß meine ältere Schwester je auf mich aufgepaßt hätte oder so etwas. Es gab also einfach niemals kleine Kinder in meinem Leben.

Als ich älter wurde und bei Freunden zuhause war, erlebte ich dort manchmal deren jüngere Geschwister, aber nur sehr flüchtig. Du siehst, daß ich durch praktische Erfahrung einfach nicht auf die Verantwortung, Kinder zu haben, vorbereitet war. Aber Gott entschied, er könne mich erziehen! Vier Kinder und viele Jahre später glaube ich nun, daß er schon wußte, was er da tat und wie er es hinkriegen würde.

Jedes einzelne meiner Kinder ist ein sehr reales Geschenk an Wendi und mich. Man erkennt die Ähnlichkeit, und doch ist jedes von ihnen ein echtes Individuum mit eigener Persönlichkeit. Aber hör mal, meine Frau und die andern Pastoren unserer Gemeinde mußten mir richtig helfen, mit meinen Kindern in Beziehung treten zu können. Ich weiß nicht, was ohne ihre Ermutigung und Unterstützung geschehen wäre.

Laß mich das erklären.

Als unsere Kinder daherkamen, verbrachte ich sowohl mit dem Dienst als auch mit Hobbys sehr viel Zeit. Und ich war einfach jung, unreif und selbstsüchtig genug, keine Zeit mit Babyangucken verplempern zu wollen, wenn ich etwas anderes tun könnte, das ich für erfüllender hielt. Da ich in meinem ganzen Leben nichts mit Kindern zu tun gehabt hatte, wußte ich nicht genau, *wie* ich mit ihnen kommunizieren könnte. Ich wußte nicht, was ich mit ihnen *machen* sollte! Aber Gott fing an, mir durch persönliche Konfrontation und auch durch meine Frau und die Pastoren zu zeigen, wie wichtig es für mich war, erwachsen zu werden und der Verantwortung der Vaterschaft ins Gesicht zu sehen.

Schriftstellen wie die am Anfang dieses Kapitels sprangen mich während meiner Zeit mit Gott direkt aus der Bibel heraus an. Ich fing an, über einige der Charakterzüge meiner eigenen Eltern nachzudenken – gute und schlechte –, die ich offensichtlich und nichtsahnend auch aufwies. Immer wieder konfrontierte mich der Herr mit den Tiefen meiner eigenen selbstsüchtigen Natur. Abschnitte aus der Heiligen Schrift (z. B. das zwölfte Kapitel des Hebräerbriefs) bekamen eine neue Bedeutung, als ich sie aus der Perspektive eines Vaters las. Schließlich bewirkte Gott eine Reue und endlich neues geistliches Wachstum in einem Teil meines Lebens, den er vorher fast nie berührt hatte. Ohne Kinder wäre das nicht passiert.

Normalerweise raten wir Leuten, die heiraten, einige Jahre zu warten, bevor sie ihr erstes Kind bekommen, damit sie ihre Ehepartnerschaft auf dem Wort gründen und in einer starken biblischen Gemeinde Fuß fassen können. Wenn mit Gebet und schriftgemäßer Führung ein solider Grund für die Ehe gelegt wurde, dann können sie anfangen, eine Familie zu bauen.

Dr. James Dobson ist einer von sehr vielen guten Seelsorgern, die ausgezeichnetes Lehrmaterial über die Familie anbieten. Es gibt keinen Mangel an guten christlichen Büchern über dieses Thema. Lies sie. Und weine hier und da. Natürlich wirst du auch eine Menge zu lachen haben! Es wird dich überraschen, wieviel ihr mit anderen Ehepaaren gemeinsam habt, wenn ihr zusammenkommt und über Erlebnisse austauscht, die Gott euch mit euren Kindern gab. Auch hier kannst du viel davon lernen, dich einfach mit anderen zu unterhalten, die mehr Erfahrung mit dem Familienleben haben als du.

Denken wir mal ein wenig über das Bogenschießen nach! Psalm 127 beschreibt Kinder als „Pfeile in der Hand eines

Starken“. Ich habe mehrere Jahre lang Bogenschießen als Sport ausgeübt. Vor einigen Jahren lernte ich einen sehr guten Satz: „Nur wer nie schießt, schießt auch nie vorbei.“ Mit anderen Worten: Du wirst sicher Fehler machen, egal, wie sehr du dir Mühe gibst. Du *wirst* deine Kinder manchmal „zum Zorn reizen“. Du wirst *nicht* immer die Schrift mit ihnen lesen oder ihnen geistliche Unterweisung geben oder das beste biblische Beispiel für sie sein. Das ist eine Tatsache.

Ich bin auch nicht der erfolgreichste Bogenschütze. Aber jedes meiner Kinder wurde von Gott in diese Welt und in mein Leben gebracht, und ich habe vielleicht nur wenig Zeit, um sie mit biblischer Liebe, Disziplin und Unterweisung zu beeinflussen. Also mache ich mich an die Aufgabe, solange es möglich ist!

Praktisch heißt das, daß wir uns angewöhnt haben, die Kinder so oft wie möglich auf Tourneen mitzunehmen, solange sie noch klein sind. Jetzt planen wir unsere Reisen im Hinblick darauf, wie lange wir durch sie von unseren Familien getrennt wären.

Wenn es ihren Schulbesuch nicht völlig aus der Bahn wirft, nehmen wir sie abwechselnd mit auf die Tourneen. Und wenn wir zuhause sind, arbeiten wir daran, Zeit mit ihnen zu verbringen, die wirklich wertvoll ist.

Noch einmal: Ich kann nicht gerade von Natur aus gut mit Kindern umgehen, aber ich rate eindringlich zu guten Kinderbüchern. Man ist überrascht, wie interessant *Timothy the Turtle* sein kann! Ich selber habe irgendwie einen Teil meiner Kindheit verpaßt – das hole ich jetzt nach.

Wir wechseln uns ab, die Kinder zu Bett zu bringen, ihnen vorzulesen, gemeinsam Anbetungslieder zu singen und mit ihnen zu beten. Wir gehen in den Park, spielen im Hof oder nehmen sie mit zur Bücherei oder Eis essen. Wir alle von REZ leben in Gemeinschaft, deshalb können wir auf unglaublich viel Hilfe von anderen zurückgreifen, die auf die Kinder aufpassen, wenn wir sie nicht mitnehmen können.

Meine Frau und ich sprechen oft über das Konzept des „zusammengeschweißten Teams". Das ist nötig, wenn die kleinen Lieblinge dich verrückt machen und es höchste Zeit wird, mal ernstlich zu beten! Wir versuchen, füreinander einzustehen. Wenn Wendi zum Beispiel bis spät in die Nacht Seelsorge gegeben hatte, lasse ich sie ausschlafen. Ich stehe dann mit den Kinder auf und frühstücke mit ihnen, mache unsere Morgenandacht und versuche, sie davon abzuhalten, Wendi aufzuwecken. Wir besprechen, was wir tun müssen, damit die Kinder uns nicht alle Kräfte rauben. Ich bin davon überzeugt, daß Gott Kindern u.a. deshalb zwei Elternteile gibt, weil es für einen allein ohne die Hilfe des anderen einfach zuviel ist!

Es ist echte Arbeit, beim Spielen auf sie aufzupassen, bei den Hausaufgaben zu helfen, sinnvolle Fernseh- und Video-Regeln zu überlegen und mit ihnen ernste Gespräche über wichtige Themen zu führen. Nach einem anstrengenden Tag ziehen Wendi und ich uns oft gegenseitig auf: „Du wußtest, daß der Job gefährlich war, als du ihn angenommen hast!" Das ist richtig. Aber wir wußten nicht, *wie* gefährlich er ist! Auf dem Hintergrund von Abtreibungen, Kindesmißbrauch und -belästigungen, Kirchen, die Kinder manchmal wie Bürger zweiter Klasse behandeln und bloßer Nichtbeachtung wird den heutigen Kindern die Botschaft übermittelt, in einem christlichen Elternhaus aufzuwachsen sei vielleicht nicht viel anders als in einer ungläubigen Familie. Vielleicht sogar schlimmer.

Maleachi hat da ganz schön etwas prophezeit, und wir christlichen Eltern sollten besser einmal hinhören. Als ob diese gefallene Welt nicht schon genügend Flüche auf sich geladen hätte, sagt Gott, daß ein weiterer Fluch entstehen würde, wenn sich Väter und ihre Kinder nicht einander zuwenden. „Der soll das Herz der Väter bekehren zu den

Söhnen und das Herz der Söhne zu ihren Vätern, auf daß ich nicht komme und das Erdreich mit dem Bann schlage“ (Maleachi 3,24). Sein Herz bricht, damit die Vater/Sohn-Beziehungen so gut wie menschlich möglich in unseren Familien hier auf der Erde wiederhergestellt werden. Viele Musiker sind aber zu eigensüchtig, zu unwissend und zu stolz, um sich viel darum zu kümmern. Das muß einmal angesprochen werden.

Wie oft trifft uns die Redensart von den Leuten, die die Welt gewinnen, aber dabei ihre Familie verlieren. Einen beständigen Ausgleich zu schaffen erfordert sorgfältiges Planen.

Christliche Musiker, die auch Eltern sind, haben einen ernsthaften Dienst „auf sie zugeschnitten“ bekommen. Manchmal ist es eine schwierige Aufgabe, das Schreiben, Proben, Touren, Aufnehmen mit dem Familienleben in Balance zu halten.

Aber ich sage dir etwas: Was deine Kinder von dir halten, ist tausendmal wichtiger, als was die Kinder anderer Leute von dir und deinem Christentum halten!

Wenn du mit ihnen reisen mußt, versuche, ihnen die praktischen Gründe so gut wie möglich verständlich zu machen. Sprich darüber hinaus ernsthaft mit deinen Kindern, und erkläre ihnen, *warum* du dienst und tust, was du tust. Wenn sie bei dir sein können, sehen sie das natürlich.

Eine unserer Töchter lernte in ihrer christlichen Schule etwas über Abtreibung. Sie kam nach Hause und erzählte davon, und als wir merkten, daß ihr irgendwie nicht klar war, daß das direkt hier in Amerika gemacht wird, sprachen wir mit ihr darüber. Sie war völlig fertig. Dann sagte sie, jemand müsse etwas tun und versuchen, dem entgegenzuwirken. Meine Frau erklärte ihr, daß das Thema Abtreibung einer der Gründe ist, weshalb wir so viel im Dienst unterwegs sind. Wenn Leute anfangen, Jesus zu folgen und nach seinem Wort zu leben, finden Abtreibung und andere Probleme ihre

Lösung in ihm. Wir Erwachsene verstehen das. Unsere Kinder müssen es auch verstehen.

Jede Familie, in der die Eltern in irgendeinem Dienst stehen, hat ähnliche Schwierigkeiten. Es erfordert viel Gebet, Rat und jede Menge Gnade. Die Beziehung zu meinen Kindern hat mich aber wirklich bereichert.

Durch meine Liebe zu ihnen habe ich so viel gelernt! Sie brachte mir tieferen Glauben, besseres Verständnis meiner Abhängigkeit von Gott und ein klareres Gespür für Gottes Vaterherz mir, meinen und deinen Kindern gegenüber. Alles, was Gott in meinem Herzen und Leben durch meine Kinder getan hat, schlägt sich früher oder später auch in meinem Musikdienst nieder.

Wenn du bereit bist, deinem Ich zu sterben und Jesus als dem Herrn zu folgen, und wenn du bereit bist, dein Herz brechen und füllen zu lassen, dann kannst du sowohl einen lebendigen Musikdienst als auch eine starke Familie mit Kindern haben! Es ist alles andere als langweilig!

Und ich empfehle es sehr.

Kapitel 3

Verantwortung gegenüber der Familie Gottes

Die Ortsgemeinde

... und nicht verlassen unsre Versammlungen, wie einige zu tun pflegen, sondern einander ermahnen, und das um so mehr, als ihr seht, daß sich der Tag naht (Hebräer 10,25).

Leider gehört die Ortsgemeinde normalerweise zu den Stellen, an die sich ein Musiker am allerletzten wenden kann, wenn er biblische Unterstützung in seiner Berufung sucht. Traurig, nicht? Aber nur allzu wahr. Die meisten Christen wissen sehr wenig über das, was die Schrift über Musik und Musiker zu sagen hat. Auf diesem Gebiet des Bibelwissens scheinen einige der Prediger, die sich sonst zu allem äußern können, am wenigsten Ahnung zu haben. Der durchschnittliche Pastor wird bezüglich biblischer Nutzung von Musik sehr unzulänglich ausgebildet – wenn überhaupt. Ich darf hinzufügen, daß viele von ihnen Christen, die sich ernsthaft mit Musik beschäftigen, als irgendwie sonderbar betrachten. Einige halten eine Musikerlaufbahn nicht für einen „richtigen" Beruf. Andere denken einfach funktionell: Wenn sich etwas nicht in den ziemlich strengen Rahmen und die Liturgie der betreffenden Gemeinde einfügt, dann vergiß es!

Sehr milde ausgedrückt, trennen viele von uns ihr Leben in „heilig" und „weltlich". Wenn es aber so ist, daß das Leben in der Gemeinde vom Leben im Alltag deutlich abgegrenzt ist, wie um alles in der Welt kann ich dann den biblischen Auftrag erfüllen, „alles zu Gottes Ehre" zu tun (1. Korinther 10,31)? Die kirchliche Lehre über Hingabe erfordert weit mehr Bibelstudium und Diskussion, als die meisten Christen zugestehen, und ich bin nicht so überzeugt wie manch anderer, daß es einfache Antworten gibt. Wenn alles so klar wäre, dann gäbe es in der Gemeinde nicht so viel Diskussionsstoff und unterschiedliche Meinungen. Eine der Fragen, die immer wieder gestellt werden, lautet: „Wie lebe ich meinen Glauben beständig im Alltag?" Es hängt von der Antwort jedes Einzelnen ab, ob unser Zeugnis kraftvoll oder wirkungslos ist. – Dies sind ein paar Probleme und Themen, mit denen ein christlicher Musiker zu tun hat, der sich in einer traditionellen Gemeinde engagiert. Es gibt aber noch eine andere Seite des Dilemmas.

Es bedarf keines besonderen Scharfsinns, um festzustellen, daß viele der christlichen Musiker sich einfach keiner Gemeinde mit biblischer Lehre bzw. überhaupt keiner Gemeinde in ihrer Gegend verpflichtet haben. Das ist ein klarer Verstoß gegen Gottes Wort. Außerdem sind sehr wenige innerhalb der Musikgruppen zum Pastorendienst berufen und begabt; eine enge Beziehung mit der eingesetzten Leiterschaft einer guten Gemeinde ist deshalb eine der wichtigsten Quellen für gesunde Lehre, Überprüfung und Ausgleich, Ermutigung, Unterstützung und Sicherheit. Die Bibel lehrt eindeutig, daß alle Christen Teil der Kirche sind und daß die Sorge und Übersicht des Pastors in einer Versammlung von Gläubigen grundsätzlich dazugehören. Mit anderen Worten, wenn du keinen Pastor und keine Heimatgemeinde hast, dann weißt du entweder nicht, was das Buch darüber sagt, oder du rebellierst dagegen, oder beides, oder du bist sowieso kein Christ.

Eine kurze Bibelstudie zeigt die Prinzipien auf, aus denen Christen Gewohnheiten bilden: Zusammenkommen, Unterordnung unter gemeindliche Autorität, die Notwendigkeit gesunder biblischer Lehre, Unterweisung und Rat. Wenn wir uns mit diesen Wahrheiten ernsthaft beschäftigt haben, müssen wir ein paar Auswirkungen diskutieren.

Sagen wir, ich entscheide mich, eine bibelorientierte Gemeinde in meiner Gegend zu suchen. Aus verschiedenen Gründen werde ich nie die perfekte Kirche finden! Ebensowenig wird man mich je für den vorbildlichsten Kirchgänger/Jünger Jesu in der Kirchengeschichte halten. Nun scheint diese Gemeinde wegen meines (ihres?) Geschmacks über kulturbedingte Themen wie Kleidung und besonders

Musik nicht zu mir zu passen. Wer muß sich ändern: ich oder die anderen? Oder sollte ich bis zum Ende meines Lebens nach der Gemeinde weitersuchen, die mir am besten gefällt? Eigentlich gibt es nur zwei Möglichkeiten: Ich schließe mich entweder dieser oder keiner Gemeinde an. (Nie endendes Suchen nach der passenden Kirche ist auch eine Art, nicht zur Kirche zu gehen.) Diese letzte „Möglichkeit" wird von vielen Musikern gewählt. Folgende Schriftstellen sind die stärksten Argumente, die ich gegen solch eine Entscheidung habe:

> Denn wo zwei oder drei versammelt sind in meinem Namen, da bin ich mitten unter ihnen (Matthäus 18,20).
>
> Und als der Pfingsttag gekommen war, waren sie alle an einem Ort beieinander (Apostelgeschichte 2,1).
>
> Ordnet euch einander unter in der Furcht Christi (Epheser 5,21; siehe auch Hebräer 10,25, Markus 1,21; Lukas 4,16; Apostelgeschichte 1,4,14; 4,31; 1. Korinther 11,33; Hebräer 13,7,17; 1. Petrus 5,5; Sprüche 11,14; 12,15; 13,10; 15,22; 20,18).

Mancher von euch wollte dieses Buch sicher gerade zum Fenster hinauswerfen. Ihr sucht jetzt nach den Ausnahmen von der Regel. Ohne Zweifel drängen sich sofort Gedanken an die Christen in bestimmten Gefängnissen auf, Schiffbrüchige auf einer Tropeninsel oder Bewohner eines moslemischen oder anderen Landes, in dem das Christentum gegen das Gesetz verstößt. Aber in der westlichen Welt kann jeder ab einem bestimmten Alter frei entscheiden, ob er pendeln bzw. unter Gebet in eine andere Stadt oder sogar in ein anderes Land umziehen will, dort Arbeit suchen und sich dann einer Gemeinde anschließen, in der biblisches, christliches Engagement möglich ist. Die meisten Musiker, die ich kenne, sitzen jedenfalls nicht gestrandet auf einer einsamen Insel!

Ich bin davon überzeugt, daß meine größte Schwierigkeit ich selber bin, nicht der Teufel, dem ich Widerstand, Zurechtweisung oder Schriftworte entgegenhalten kann, bis er flieht (Lukas 10,19, Jakobus 4,7). Mein ärgstes Problem ist nicht die Gemeinde, die sich am Ende der Straße versammelt und nicht weiß, was sie von mir halten (oder mit mir anstellen) soll. Nein. Ich selbst bin mein schlimmster Feind ..., und du mußt dir darüber klarwerden, daß das auf dich ganz genauso zutrifft! Der eigentliche Grund für die Trennungen in der heutigen Christenheit ist nicht mangelndes Verständnis oder Streit über biblische Themen. Eigentlich ist es der Mangel an wahrer Liebe zueinander. Die kostet! Sie schmerzt! Vielleicht mußt du dich viel konservativer kleiden, als es dir gefällt, damit man dich in einer bestimmten Gemeinde wirklich willkommen heißt. Ob das nun Unreife auf seiten der Gemeinde ist oder einfach der offensichtlich bevorzugte Stil, warum solltest du deine Unreife noch auf ihre draufpacken? „Die Liebe deckt auch der Sünden Menge" (1. Petrus 4,8).

Im ersten Kapitel schrieb ich darüber, wie grundlegend wichtig es ist, Gott von Herzen zu suchen, und daß das Bibellesen zu den wichtigsten Gemeinschaftserlebnissen mit ihm zählt. Es sollte auch ein normaler Teil der Gemeinschaft zwischen dir und anderen Christen sein. Als mir die Kenntnis und persönliche Umsetzung des Wortes wichtiger wurden als mein musikalisches Wissen und die Information über die neueste Produktion von wem auch immer, stellte ich fest, daß es auf einmal viel mehr Grundlagen für Gemeinschaft mit anderen Christen gab. Vorher waren meine einzigen Gesprächsthemen Musik und ein sehr seichtes Verständnis meiner Errettung bei echter Unkenntnis der Bibel und ihrer Wahrheit gewesen. Wundert es dich, daß die Texte so vieler christlicher Künstler ohne Tiefgang sind? Jesus sagte: „Denn wes das Herz voll ist, des geht der Mund über" (Lukas 6,45).

Auch Vorurteile spielen eine große Rolle in allen diesen Dingen. Fang an, die Wand der Sünde auf deiner Seite niederzureißen. Für die etwas jüngeren unter euch faßt Paulus' ausgezeichneter Rat an Timotheus vieles zusammen: „Niemand verachte dich wegen deiner Jugend; du aber sei den Gläubigen ein Vorbild im Wort, im Wandel, in der Liebe, im Glauben, in der Reinheit" (1. Timotheus 4,12). Viele von uns in der Kirche warten darauf, daß du zu uns kommst, damit wir dir – und du uns – helfen können, in Jesus zu wachsen und seine Liebe zu teilen. Wir sind da, ehrlich. Vielleicht hast du noch nicht gesucht. Du kannst uns in fast jeder konfessionellen, inter- oder nichtkonfessionellen, pfingstlichen, evangelikalen, protestantischen oder katholischen Kirche finden. Und obwohl viele Christen mit dieser letzten Aussage überhaupt nicht übereinstimmen können, ist es Gott, der allein ihre Wahrheit beurteilt. Denn an jenem Tag, von dem in Hebräer 10,25 geschrieben ist, wird es viele Überraschungen geben, da bin ich sicher.

Wieder und wieder lesen wir in der Bibel, daß Gott das, was er tut, durch die Kirche tut. Lies dazu z. B. folgende Schriftstelle:

> Und er hat einige als Apostel eingesetzt, einige als Propheten, einige als Evangelisten, einige als Hirten und Lehrer, damit die Heiligen zugerüstet werden zum Werk des Dienstes. Dadurch soll der Leib Christi erbaut werden, bis wir alle hingelangen zur Einheit des Glaubens und der Erkenntnis des Sohnes Gottes, zum vollendeten Mann, zum vollen Maß der Fülle Christi, damit wir nicht mehr unmündig seien und uns von jedem Wind einer Lehre bewegen und umhertreiben lassen durch trügerisches Spiel der Menschen, mit

> dem sie uns arglistig verführen. Laßt uns aber wahrhaftig sein in der Liebe und wachsen in allen Stücken zu dem hin, der das Haupt ist, Christus, von dem aus der ganze Leib zusammengefügt ist und ein Glied am andern hängt durch alle Gelenke, wodurch jedes Glied das andere unterstützt nach dem Maß seiner Kraft und macht, daß der Leib wächst und sich selbst aufbaut in der Liebe. So sage ich nun und bezeuge in dem Herrn, daß ihr nicht mehr leben dürft, wie die Heiden leben in der Nichtigkeit ihres Sinnes. Ihr Verstand ist verfinstert, und sie sind entfremdet dem Leben, das aus Gott ist, durch die Unwissenheit, die in ihnen ist, und durch die Verstockung ihres Herzens (Epheser 4,11-18; siehe auch 1. Tim. 3,10; Apg. 2,47; Kol. 1,18-27; Eph. 5,25).

In den Schriften wird die Kirche oft „Leib Christi" genannt. Auch das hat eine Bedeutung. Der Punkt ist: Wir sind seine Hände und Füße. Er ist das Haupt. Und die Gemeinde ist der Vermittler. Eines der interessanteren Streitgespräche der Bibel ist in Apostelgeschichte 15 aufgeschrieben. Es ging um den jüdischen Ritus der Beschneidung. Was ich darlegen möchte, ist, daß es in einer Zeit der Verwirrung die Ortsgemeinde war, die Paulus und andere aussandte, um sich mit den Gemeindeleitern in Jerusalem zu treffen und eine Lösung für die Meinungsverschiedenheit zu finden. Und in Galater 1,18-2,2 spricht Paulus von Unterordnung dessen, was er glaubte und gepredigt hatte. Warum? Damit er sicher war, das Richtige zu tun. Durch die Gemeindeleiter wurde er bestätigt und fuhr deshalb mit seiner Arbeit fort.

Eine meiner Hauptsorgen aus den mehr als zwanzig Jahren, die ich im vollzeitlichen Dienst bin, ist, daß zu viele Pastoren, Evangelisten, Bibellehrer, Radio-/Fernsehprediger und Musiker einem geistlichen Irrtum erlagen oder auf andere traurige Weise abfielen. Einer der Gründe dafür ist, daß sie außerhalb des Schutzes einer örtlichen Gemeinde-/Leiterschaftsstruktur arbeiteten. Oft gehörten sie offiziell großen Konfessionen an und wurden auf vielerlei Art von Gott benutzt. Aber auf lokaler Ebene, verantwortlicher, faßbarer, belehrbarer, erreichbarer Ebene, hatte einfach niemand Zugang zu ihrem Dienst und die Autorität, direkt in ihr persönliches Leben zu sprechen.

Aus eigener Erfahrung und Gesprächen mit anderen Leitern weiß ich, daß allgemein bekannt ist: Allein die (in den USA, d. Ü.) gesetzliche Forderung nach einem Vorstand garantiert noch lange nicht, daß der Pastor, Evangelist oder wer auch immer einen bestimmten Dienst anführt, den anderen Vorstandsmitgliedern mehr als nur Lippenbekenntnisse gibt. Was passiert mit diesen starken, charismatischen Persönlichkeiten, durch die der Heilige Geist mächtig wirken kann? Sie werden Kirche für sich selbst, eine Gemeinde innerhalb der Gemeinde, niemandem verantwortlich. Vorstände, die mit Jasagern besetzt sind, stellen für die geistliche Schwäche und den Stolz des „Leiters" eines solchen Dienstes ungefähr soviel göttliche Herausforderung dar wie Groupies für eine Rockband!

Darf ich offen sprechen? Ich ermahne diese Menschen, moderne Musiker nicht ausgerechnet in der Sache zu kritisieren, die sie genauso falsch machen. Die Musiker, die nie wirklich nach einer Ortsgemeinde gesucht haben, um mit Segnung und Gebet ausgesandt zu werden: Es ist Zeit, biblische Grundlagen zu legen. Ihr braucht die Gebete einer Gemeinde und ihr Verständnis der Bibel und Lehre. Ob du willst oder nicht, du bist berufen, Teil einer örtlichen Versammlung von gläubigen Christen zu sein, und zwar ab dem Moment, in dem du anfängst, dem Herrn Jesus Christus als deinem persönlichen Retter zu vertrauen.

Mitgliedschaft und Ebene des Engagements in einer bestimmten Kirche wird von Gemeinde zu Gemeinde unterschiedlich aussehen, und doch ist es das, was jeder Musiker unter Gebet anstreben muß. Laßt mich hier auch festhalten, daß ich glaube, wir Musiker müssen gegenüber unserer lokalen Gemeinde sogar *mehr* Verantwortlichkeit zeigen als andere. Warum? Weil durch uns so viele Menschen beeinflußt werden.

Auch wenn du anderen eine oberflächliche Haltung zur Leiterschaft vorwerfen kannst, denk immer daran: „Wem viel gegeben ist, bei dem wird man viel suchen; und wem viel anvertraut ist, von dem wird man um so mehr fordern" (Lukas 12,48). Der Mangel an Verantwortlichkeit im Leben vieler Künstler heutzutage ist alarmierend. Wie können wir ignorieren, was das Wort so eindeutig lehrt? Dienste bekommen biblische Gültigkeit, wenn sie einer Ortsgemeinde untergeordnet sind und als deren Arm fungieren. Neutestamentliche Muster dienen als Modell. Nicht mehr und nicht weniger. Was sagt Paulus? „Damit ich nicht etwa vergeblich liefe oder gelaufen wäre" (Galater 2,2). Wie vieles wird ohne guten Erfolg unternommen?

Ist es ein Wunder, daß so viele Dienste und einzelne Gläubige so weit weggeraten von den einfachen biblischen Richtlinien und ordentlicher, nützlicher Lehre und Praxis? Weil sie für sich selbst nicht als Kirche funktionieren, können sie ihren inneren Bedürfnissen nicht begegnen. Unabhängige Musikdienste sind so unbiblisch wie andere unabhängige Unternehmungen. Das *Webster's* definiert *unabhängig* als: „nicht der Kontrolle durch andere unterworfen". Lies noch einmal Hebräer 13,17, und überlege genau, wie deine gegenwärtige Lage aussieht. Es ist Zeit, Buße zu tun und sich wieder irgendwo anzuschließen. Pluralität, gegenseitiger Respekt und Unterordnung innerhalb des Leibes Christi sind für ein Leben in Weisheit, Ausgeglichenheit und Sicherheit äußerst wichtig.

An dieser Stelle möchte ich ein paar praktische Ratschläge einfügen. Ein gewisses Maß an Respekt mußt du jedem gegenüber zeigen, mit dem du zusammenarbeitest, sei es im

Beruf, im Dienst oder wo auch immer. Wenn du mit Musik dienst, ist eine demütige, dienende Herzenshaltung das Allerwichtigste, um eine Beziehung mit den Menschen aufzubauen und zu unterhalten, mit denen und für die du arbeitest. Bitte lies die zwei letzten Sätze noch einmal! Siehst du, Unterordnung ist einfach ein normaler Teil des Lebens. Sie ist nicht nur für den Dienst in deiner Heimatgemeinde grundlegend wichtig, sondern auch in der Zusammenarbeit mit anderen Christen, wenn du unterwegs bist. Offen gesagt, du wirst nicht lange unterwegs sein, wenn du diese Lektionen nicht lernst. Warum solltest du auch? Das Recht zu dienen verdient man sich.

Wenn Lobpreis- und Anbetungsmusik deiner Berufung entspricht: Gibt es einen besseren Ort, deine Hingabe an Jesus auszudrücken und andere dazu zu inspirieren, als in einer Gemeinde? Obwohl ich nicht glaube, daß jeder Musiker auf genau diesem Gebiet besonders begabt ist, wünschte ich doch, daß auch mehr Rockmusiker lernen würden, mehr oder weniger ein echtes Gespür für Anbetung auszudrükken – und das auch mit der jeweils angemessenen Lautstärke. Das ist wirklich ein Zeugnis für Christen, die deine Liebe zur Rockmusik nicht teilen. Auf der einen Seite brauchen wir ja nichts zu beweisen. Auf der anderen Seite muß die ruhigere traditionellere Gemeinde aus ihren Vorurteilen ebensosehr herausgeliebt und -erzogen werden wie wir aus unseren.

Wenn die Texte zu deiner Musik eher zur Lehre und Tiefe neigen, sind sie durchaus für die Gemeinde geeignet. Selbst eher evangelistische Inhalte können im Dienst an einer Gemeindeversammlung Verwendung finden. Viele treue Kirchgänger haben keine echte persönliche Beziehung zu Jesus. In mancher Hinsicht ist die traditionelle Kirche eines der größten Missionsfelder, das uns zur Verfügung steht. Egal, ob dein Musikdienst hauptsächlich innerhalb der Kirche stattfindet oder an die gerichtet ist, die außerhalb stehen, du brauchst die Stärkung und Unterstützung einer starken Gemeindefamilie. Du brauchst pastorale Leitung, um in Theologie und Lehre gesund zu bleiben.

Schließlich ist die traditionelle Kirche auf deinen Eifer ebenso angewiesen wie du auf ihr Wissen. Gott segne dich, wenn du ihm gehorchst und dich langfristig einer starken, biblischen Gemeinde verpflichtest. Er kann dich nicht halb so segnen, wenn du das nicht tust. Und denk daran, du mußt mit dem „traditionellen Kirchenvolk" Geduld haben. Du mußt lernen, sie zu lieben. Denn die Gemeinde zu lieben ist ein Gebot Gottes.

Die Kirche als Ganzes

So zieht nun an als die Auserwählten Gottes, als die Heiligen und Geliebten, herzliches Erbarmen, Freundlichkeit, Demut, Sanftmut, Geduld; und ertrage einer den andern und vergebt euch untereinander, wenn jemand Klage hat gegen den andern; wie der Herr euch vergeben hat, so vergebt auch ihr! Über alles aber zieht an die Liebe, die da ist das Band der Vollkommenheit. Und der Friede Christi, zu dem ihr auch berufen seid in einem Leibe, regiere in euren Herzen; und seid dankbar. Laßt das Wort Christi reichlich unter euch wohnen: lehrt und ermahnt einander in aller Weisheit; mit Psalmen, Lobgesängen und geistlichen Liedern singt Gott dankbar in euren Herzen (Kolosser 3,12-16).

Die Gedanken über den Musiker, der außerhalb seiner Ortsgemeinde dient, führen zu Überlegungen über das Arbeiten und die Wechselwirkungen mit anderen Christen. Sie kennen dich nicht so gut wie deine Heimatgemeinde. Vielleicht akzeptieren oder schätzen sie dich nicht so wie deine eigene Gemeinschaft. Deshalb müssen wir in diesem Zusammenhang über eine andere Art von Beziehung nachdenken: Der Musiker und der weitere Leib Christi.

Jesus betete, daß alle seine Nachfolger „eins sein würden“ (Johannes 17,20-23). Nur in seiner Liebe ist so etwas überhaupt möglich! Sind wir aber heute wirklich zu getrennt, wie manche denken? Ist die Kirche so völlig geteilt, wie allgemein angenommen wird? Sicher haben wir eine Menge unterschiedlicher Pferche für die große Herde, aber wir alle folgen einem Hirten. In Johannes 10,16 steht, was Jesus über dieses Phänomen sagte: „Und ich habe noch andere Schafe, die sind nicht aus diesem Stall; auch sie muß ich herführen, und sie werden meine Stimme hören, und es wird eine Herde und ein Hirte werden.“ Ich persönlich glaube, daß wie jeder Einzelne seine individuelle Persönlichkeit, Verständnis und Gespür für die Richtung hat, so auch jede Versammlung im wahren Leib Christi.

Die Kirche im Ganzen hat viel mehr Gemeinsamkeiten als Unterschiede – solange wir nicht aus Mücken Elefanten machen! Dann werden die wichtigsten, zentralen Themen des Wortes verdunkelt, und unsere Einzigartigkeit, unsere persönliche Meinung und unser Geschmack nehmen die Form von Bigotterie an, was vor Gott unbedingt Sünde ist. Neunundneunzig Prozent aller wahren Christen glauben an die gleichen Grundlehren der Bibel. Aber wenn wir Haarspalterei betreiben ..., dann werden wir auch gespalten, einer vom anderen.

Musiker müssen aufpassen, daß sie nicht ihre eigenen Besonderheiten so sehr fördern und verherrlichen, daß sie in der grundlegenden Einheit und Ähnlichkeit aller Christen Trennung bewirken. Wenn ein Mitchrist dein Aussehen, deine Kleidung oder deine Musik persönlich nicht mag, ist das eine Sache. Es ist aber etwas ganz anderes, wenn wir schließlich selber durch mangelnde Sensibilität Trennungen verursachen. Wir müssen alle mehr daran arbeiten, Jesus zu erheben und unsere individuelle und musikalische Unverwechselbarkeit zu vergessen. Immer. Und besonders in Gegenwart eines Christen, der unsere Reife, wenn nicht gar unsere Errettung in Frage stellt. Die geistliche Not meines Bruders ist z. B. wesentlich wichtiger als meine derzeitige Haarfarbe! Du kannst sicher sein, daß ich versuche, die Unterhaltung auf etwas zu lenken, von dem ich hoffe, daß es ihn geistlich auferbaut – und beide ziehen wir Nutzen aus so einer Diskussion.

Eins ist sicher. Wenn du im Land (oder in der Welt) umherreist, lernst du eine Menge über die unglaubliche Vielfalt innerhalb der Kirche. Was du mit diesen Erfahrungen anfängst und wieviel du wirklich daraus lernst, wird sich direkt auf dein eigenes geistliches Gespür für Ausgeglichenheit auswirken.

In den letzten Jahren hatte ich die Freude, echte Christen in fast jeder Art von konfessionellen (großen und kleinen) und inter- oder nichtkonfessionellen Kirchen zu treffen. REZ ist in 48 der 50 US-Bundesstaaten unterwegs gewesen, in fast jeder kanadischen Provinz und in vielen fremden Ländern. Weißt du was? Überall gibt es echte Christen!

Im fünften Kapitel des Galaterbriefes werden einige positive und einige negative Dinge erwähnt. Vers 20 endet mit zwei Wörtern, die Beachtung verdienen. Sie heißen *Zwietracht* und *Spaltungen*. Ihre griechische Bedeutung ist „Uneinheit, Trennung, Aufwiegelung" bzw. „Partei, Spaltung, Ketzerei, Sekte". Das sind sehr sündhafte Haltungen, die jeden Christen verseuchen können. Hier und an anderen Stellen verdammt Gottes Wort solche Haltungen und Taten. Wenn du oder jemand, den du kennst, an dieser Krankheit leidet, ist es höchste Zeit, zum Großen Arzt zu gehen und Buße zu tun! Liebe und Demut wird die Krankheit kurieren. Stolz, Unwissenheit und Lügen sind die Ursache dafür. Zu denken, deine Kirche, dein Musikdienst oder was auch immer sei am besten, ist eines der Hauptsymptome dieser Seuche.

Der Teufel wird dir immer recht geben – natürlich hast du die „tiefere Wahrheit“ und die „größere Erleuchtung“. Das ist Sünde, nichts als Sünde!

Welch einen Unterschied macht die Liebe! Und die Erfahrung. Auch Römer 15,5-7 behandelt Einheit unter Christen. Vers 7 zitiere ich in letzter Zeit immer häufiger: „Darum nehmt einander an, wie Christus euch angenommen hat zu Gottes Lob.“ Wie lobst du Gott durch die Annahme anderer Christen? Wir können nicht erwarten, daß wir mit jedem anderen Christen immer in allen Punkten einer Meinung sind. Und doch gibt es ein reifes „Übereinstimmen, nicht übereinzustimmen“, wenn es um weniger gewichtige Punkte des Gebotes geht. Wir brauchen, nein, dürfen einander nicht das Christentum absprechen, nur weil wir nicht über jedes i-Tüpfelchen in den Schriften gleicher Meinung sind! Die ganze Bibel lehrt die wesenhafte Einheit der Gläubigen.

Jetzt ein kleiner Exkurs, der vielleicht hilft, einige der Probleme um moderne Stilrichtungen zu klären: Den Kindern Israel war eindeutig geboten, die moralischen Gewohnheiten und religiösen Praktiken der heidnischen Völker um sie herum nicht zu übernehmen und in diese heidnischen Stämme nicht einzuheiraten. Bis Jesus auf der Szene erschien, war diese Anweisung durch Auslegungen und Übertragungen zu einem tatsächlichen Vorurteil gegen alles „Samaritische“ geworden. Natürlich hält sich Jesus selber an die Gebote Gottes in dem Sinn, wie Gott sie ursprünglich gemeint hatte, d. h. Trennung von heidnischer Moral und heidnischen Praktiken. Aber er benutzt die Samariter als Beispiel für gute Nachbarn. Warum?

Wenn die Handlungen und Ziele aller Samariter in jedem Fall sündig und ein Stolperstein für die Juden gewesen wären, wie hätte Jesus dann durch Samaria reisen können, Wasser aus dem Becher der samaritischen Frau annehmen und tatsächlich sagen können, wenn der Heilige Geist käme, würde er die Jünger bewegen, das Evangelium „in Samaria" zu predigen? Denk daran, die Juden hatten Gottes Gebot so ausgelegt, daß es hieß, sie sollten weder mit den Samaritern noch mit deren Kultur irgend etwas zu tun haben. Genau diese Entfremdung geschieht heute unter Christen im Bereich der Musik und anderer kultureller Formen. Musik ist zu einer der Hauptursachen sowohl für Einheit als auch für Trennung unter echten christlichen Brüdern geworden.

Die heutigen modernen christlichen Musiker sind die „neuen Samariter". So einfach ist das. Nicht so einfach hingegen ist das Kultivieren einer vergebenden und barmherzigen Haltung gegenüber (an Jahren und geistlicher Reife) älteren Gläubigen, die moderne Musikformen als Greuel ablehnen. Schlimmer noch, für einige von ihnen sind wir als Individuen ein Greuel. Dieses Böse müssen wir durch Gutes überwinden. Wir müssen mit biblischem Erbarmen und Verständnis reagieren, auch wenn wir sie vielleicht nie für unsere Position gewinnen können. „Die Liebe deckt auch der Sünden Menge" (1. Petrus 4,8). Wir müssen uns wie der gute Samariter verhalten und durch ein beispielhaft heiliges und liebendes Leben, das es ablehnt, Gleiches mit Gleichem zu vergelten, „mit guten Taten den unwissenden und törichten Menschen das Maul" stopfen (1. Petrus 2,15).

Es ist eine traurige Tatsache, daß rassische, ökonomische, kulturelle und geistliche Borniertheit nicht nur unter Ungläubigen zu finden ist. Wie gerne würde ich anders über unsere geistliche Familie schreiben ... Gott weiß es! Jesus sagte: „Ihr werdet mich nicht mehr sehen, bis die Zeit kommt, da ihr sagen werde: Gelobt ist, der da kommt in dem Namen des Herrn!" (Lukas 13,35). Über die Einheit, die wir leben müssen, wurden bereits viele Bücher geschrieben, und es werden noch mehr werden.

Musiker sollten ganz besonders in der Lage sein, die Sünde der Trennung aufgrund von Vorurteilen zu durchschauen. Im Bereich der Musik werden wir ständig damit konfrontiert. Wie kommt es dann, daß wir in uns selbst nicht dieselbe Sünde feststellen?

Wenn der Herr dir einen Dienst gibt, mit dem du mehr herumkommst, wirst du mit der Zeit lernen, ihm für seine immense Weisheit die Ehre zu geben: Er schuf so viele verschiedene Menschen und so viele Arten von Gemeinschaften, Diensten und Missionsgruppen, durch die jeder erreicht werden kann. Sein Evangelium und die Fülle der biblischen Wahrheit, gesunde Lehre und die Prinzipien christlicher Jüngerschaft sind für alle da! Das gilt auch für seinen Tod und Auferstehung, die für unsere persönliche Errettung und Ganzheit von zentraler Bedeutung sind.

Lerne diese Wahrheit schätzen, und lerne, in ihr zu wandeln: Wer Jesus Christus als dem Herrn und Retter folgt, ist „begnadet in dem Geliebten". Dieser wunderbare Ausdruck steht in Epheser 1,6. Aufgrund unserer jeweiligen Beziehung mit dem Herrn Jesus Christus sind wir gesegnete Kinder Gottes, des Höchsten. Aus dem griechischen Urtext an dieser Stelle spricht etwas von „zum Ende bringen", „Erfüllung". Wenn wir zu tieferer Erkenntnis seiner (des Geliebten) Annahme jedes Gläubigen gelangen – wenn wir begreifen, daß Gott uns selbst annimmt –, fangen wir an, die allumfassende Liebe unseres gemeinsamen himmlischen Vaters, den Reichtum und die gewaltige Größe unserer Familie zu schätzen.

Es kommt wirklich nur sehr selten vor, daß wir von einer REZ-Tournee oder einem Vortrag, den ich irgendwo halte, nicht etwas Gutes wieder nach Hause bringen, irgendeinen Segen oder eine Lektion, die wir von der besuchten Gemeinde, dem Hauskreis oder Gebetstreffen mitnehmen. Es gibt so viele verschiedene Gemeinschaften von gläubigen Christen in der ganzen Welt. Ihnen wurden unterschiedliche Gaben und Leitung des Geistes gegeben, und sie arbeiten auf unterschiedlichen Ebenen des Verständnisses und biblischer Reife. Ich finde das toll! Es bedeutet, daß Gott größer und sogar noch vollständiger ist, als wir in diesem Leben je zu verstehen hoffen könnten! Es ist sehr schade um die Christen, die verführt wurden zu glauben, ihre eigene Ortsgemeinde habe die Weisheit gepachtet. Wir klein ist doch ihr Gott, wenn ihre örtliche Versammlung die „perfekte Kirche" darstellt!

Eine Gemeinde ohne Macken mit vollkommenen Mitgliedern gibt es nicht. Mach dir also keine Gedanken, wenn du schon gemerkt hast, daß du ihr nie beitreten könntest, wenn es sie gäbe!

Ein letztes Wort: Gib auf Reisen acht, wenn du neue und merkwürdige Lehren mitbekommst. Höre nicht auf, selber fleißig die Bibel zu studieren und dich in deiner Ortsgemeinde zu engagieren. Wenn du darin so sicher und daran gewöhnt bist, wie es sein sollte, kannst du Jesus genießen, wenn er dich durch seinen Geist unter seinen Nachfolgern besucht – wo auch immer sie versammelt sind (Matthäus 18,20)!

Kapitel 4

Verantwortung gegenüber deiner potentiellen Familie

Denn obwohl ich frei bin von jedermann, habe ich doch mich selbst jedermann zum Knecht gemacht, damit ich möglichst viele gewinne. Den Juden bin ich wie ein Jude geworden, damit ich die Juden gewinne. Denen, die unter dem Gesetz sind, bin ich wie einer unter dem Gesetz geworden – obwohl ich selbst nicht unter dem Gesetz bin –, damit ich die, die unter dem Gesetz sind, gewinne. Denen, die ohne Gesetz sind, bin ich wie einer ohne Gesetz geworden – obwohl ich doch nicht ohne Gesetz bin vor Gott, sondern bin in dem Gesetz Christi –, damit ich die, die ohne Gesetz sind, gewinne. Den Schwachen bin ich ein Schwacher geworden, damit ich die Schwachen gewinne. Ich bin allen alles geworden, damit ich auf alle Weise einige rette (1. Korinther 9,19-22).

Es ist eine traurige Tatsache, daß so mancher Dienst es heute schwierig findet, „allen alles" zu werden, um einige zu retten. Vielleicht wollen wir nicht einige gewinnen? Vielleicht möchten wir die Knüller, die Stars an irgendeinem fünftklassigen Gospel-Musik-Himmel sein? Mancher setzt viele verkaufte Eintrittskarten mit Erfolg gleich. Andere mißverstehen die Sache anders und denken, der Erfolg lasse sich an der Menge der Menschen messen, für die gebetet wurde. Wenn es im Leib Jesu momentan gewaltige Nöte gibt, dann gehören sicher der Mangel an Ausgeglichenheit und gesundem Menschenverstand dazu. Demut hilft uns, beides zu erlangen.

Jesus war auf den staubigen Hintergassen Galiläas ebenso zuhause wie in den großen Tempeln der Städte (Markus 6,1,35,56). Sein Herz wandte sich der armen Witwe ebenso zu wie dem vermögenden, einflußreichen jungen Mann. Gott sieht nun einmal die Person nicht an (Apostelgeschichte 10,34). Und wenn er die Seele eines Menschen anrührt, um einer besonderen Not zu begegnen, tut er das aus seiner Fülle heraus. Ich habe Mängel. Wir haben Mängel. Aber in Christus kann jeder von uns lernen, zu tun, was ihm möglich ist, um der Not in einer bestimmten Situation zu begegnen. Zu viele von uns schieben die Verantwortung unseres Musikdienstes ab. Wir sind so spezialisiert, daß unserer Sprache nur das allerausgesuchteste Musikvokabular zur Verfügung steht, oder unsere Texte sind unreif, weil in unseren Herzen und Sinnen nicht genug vom Wort Gottes ist, auf das wir zurückgreifen könnten. Das gleiche gilt für unser Konzept, wie man dem Einzelnen hilft, der sich nach einem Konzert mit seiner Not an uns wendet. Natürlich sind wir nicht alle zu jedem Bereich, der in den Schriften erwähnt wird, berufen oder begabt. Diese Tatsache darf aber nicht mißbraucht werden, um unsere natürliche Neigung zu verdecken, vor den harten Fragen wegzulaufen. Viele Musiker demonstrieren eine erstaunliche geistliche Seichtheit und Verantwortungslosigkeit. Zu sagen, du liebst Jesus, sein Volk und die, die noch verloren sind, und gleichzeitig den Schutz der Unwissenheit in Anspruch zu nehmen, weil du ja nur ein Musiker bist, der keine Ahnung hat („Von mir erwarte bitte keine Antworten!"), das kauft dir keiner ab. Wer war es noch, der Gott entgegnete: „Ich weiß nicht; soll ich meines Bruders Hüter sein?" (1. Mose 4,9)?

Ein christlicher Musiker bat mich einmal um Input für seine Gruppe. Da ich keine Zeit für eine ausführliche Unterhaltung hatte und seine Planung keinen Ausweichtermin zuließ, gab ich ihm nur einen ganz kleinen, einfachen Rat. Ich schlug vor, daß alle Bandmitglieder – zuerst einzeln, dann als Gruppe – sich ernsthaft fragen sollten, ob sie ihre Musik für Gott und die anderen Menschen spielen oder zu ihrer eigenen Freude. Die Antwort auf diese Frage würde ihnen viel über die Nöte ihrer Band offenbaren.

Wenn der Einzelne und die Gruppe eine echte Berufung verspüren, Gott und den Menschen zu dienen, dann werden sie anfangen, in seinem Wort nach Antworten zu suchen – zumindest für allgemeine Lösungen auf die Probleme, die unsere Zuhörer mitbringen. Ich bestehe absolut nicht darauf, daß ein Musiker als Pastor, Lehrer oder Seelsorger funktionieren müsse. Aber ich suche nach denen, die in ihrer Laufbahn als christliche Musiker „Mitleid anziehen“, nicht nur einfach Gitarre spielen. Denk mal nach: Du hast Schriftverse bekommen und Erfahrungen gemacht, durch die der Herr dich Heilung und Lösungen für die Probleme deines Lebens finden ließ. Da du gerettet bist, weißt du, wie man jemand anderen zum Herrn führt. Es gibt Gemeinden, christliche Leiter, Bücher, Seminare, Radio-/Fernseh-Shows, andere Dienste, die deinen Zuhörern direkter und gründlicher helfen können. Ist es zuviel verlangt, daß du dir mit Kopf und Herzen Gedanken machst, um denen auf deinen Konzerten, die in Not sind, ein bißchen praktische Anleitung zu geben? Ich denke nicht.

Damit meine ich nicht, daß du *alle* Antworten auf die vielen Verletzungen und Schwierigkeiten oder tiefen theologischen Streitgespräche, die das Publikum oder die Versammlung an dich heranträgt, haben solltest. Aber ich muß noch einmal auf die Bibel und ihre kraftvolle Wahrheit verweisen. Vielleicht ist der eine oder andere von uns schlicht faul. Vielleicht denken wir einfach nicht daran, zumindest mit der Person zu beten. Vielleicht können wir uns nicht an den Titel dieses tollen christlichen Lebensberatungsbuches von Dr. Sowieso erinnern. Vielleicht vergessen wir, ihm die Telefonnummer unserer Gemeinde zu geben, damit er sich mit jemand unterhalten kann, der ihm hilft, biblische Lösungen zu finden. Vielleicht kennen wir keine gute Gemeinde in der Gegend, in der ihm weitergeholfen werden kann. Vielleicht ist es uns einfach egal. Bin ich zu hart? Nicht den Mut verlieren! Jeder war mal jung. Wir alle fangen ganz vorne an.

Womit beginnen wir, um Ungläubige zu erreichen? Petrus mußte ein Feingefühl gegenüber den Heiden erst entwickeln. Paulus half ihm dabei. Wenn wir also über unsere „potentielle Familie“ sprechen wollen, müssen wir herausfinden, wer sie ist und wie sie mit der Botschaft des Lebens erreicht werden kann. Es gibt Menschen, deren Fähigkeit zu kulturübergreifendem Denken und Handeln ziemlich verkümmert ist. Wenn du das an dir feststellst, dann rate ich dir zu beten, die Bibel zu studieren und durch ein fremdes Stadtviertel zu gehen. Was denken die Menschen dort? Wie fühlen sie? Welchen Dingen sind sie zuhause, auf der Arbeit, in der Freizeit ausgesetzt? Haben sie irgendwelche spezifischen Probleme oder kulturellen Besonderheiten? Befrage sie zu einigen dieser Punkte. Wie einfach, aber wie radikal!

Selbst wenn du nicht direkt berufen bist, durch deine Musik zu evangelisieren, vergiß nicht, daß es Menschen in der ewigen Hölle gibt, die in eben diesem Moment wünschen, sie hätten gewußt, was sie jetzt wissen! Wenn dir das zu kraß klingt, denke an die Geschichte Jesu vom reichen Mann und Lazarus (Lukas 16,19-31). Wir haben eine potentielle Familie da draußen. Unsere Verantwortung ihnen gegenüber ernst zu nehmen kann den entscheidenden, in Ewigkeit wichtigen Unterschied darstellen. Sei dir dessen bitte bewußt, wenn du deine Musik schreibst, arrangierst oder aufführst.

Wir sollen wir unsere potentielle Familie finden? Können wir genug Respekt erzeugen, um ernstgenommen zu werden? Paulus schaffte das. Aber er beugte sich nicht unter eine religiöse Hierarchie, deren Empfinden für Respekt mit Regeln zu tun hatte, die es im Gesetz nicht gab. Ebensowenig entwertete er seine Botschaft, indem er auf den moralischen Level derer abfiel, denen er diente.

Das Evangelium wird immer Anstoß erregen, denn Gott sagt das so.

> ... wie geschrieben steht: „Siehe, ich lege in Zion einen Stein des Anstoßes und einen Fels des Ärgernisses; und wer an ihn glaubt, der soll nicht zuschanden werden“ (Römer 9,33).

> Ich aber, liebe Brüder, wenn ich die Beschneidung noch predige, warum leide ich dann Verfolgung? Dann wäre das Ärgernis des Kreuzes aufgehoben (Galater 5,11).

Wenn aber unsere Vermittlung der biblischen Wahrheit und biblischer Prinzipien nicht mit Respekt aufgenommen wird, dann könnte das wohl auch an uns und nicht am Inhalt unserer Botschaft liegen. Die Verantwortung liegt bei uns, dem Heiligen Geist gegenüber sensibel zu sein.

Es ist viel leichter, biblische Tiefsinnigkeiten herauszusprudeln, als Leuten zuzuhören und sich auf sie als menschliche Wesen einzulassen! Diesen Mangel an sichtbarem Interesse erkenne ich ständig in meinem eigenen Leben.

Jedenfalls, wenn wir diese Dinge durchdenken und -arbeiten, werden wir herausbekommen, was Gott uns über das Erreichen der noch Unerreichten beibringen möchte. Mit Sicherheit wird Wachstum das Ergebnis sein, wenn es nicht an Buße mangelt – aber dann wissen wir, was zu tun ist.

Es gibt eine Menge Schriftstellen, die sich auf das Erreichen des Ungläubigen beziehen, und jeder Bibelleser wird sie leicht finden. Wenn du vertrauter wirst im Umgang mit dem Wort Gottes, wird dir auch vieles auffallen, das gesagt und getan wurde, um den Christen zu geistlichem Wachstum anzuregen. Es geht nicht um entweder/oder. Sowohl Evangelisation als auch geistliches Wachstum sind in unserer christlichen Welt grundlegend wichtig.

> Einem jeden aber von uns ist die Gnade gegeben nach dem Maß der Gabe Christi. Darum heißt es: „Er ist aufgefahren zur Höhe und hat Gefangene mit sich geführt und hat den Menschen Gaben gegeben.“ Daß er aber aufgefahren ist, was heißt das anderes, als daß er auch hinabgefahren ist in die Tiefen der Erde? Der hinabgefahren ist, das ist derselbe, der aufgefahren ist

> über alle Himmel, damit er alles erfülle. Und er hat einige als Apostel eingesetzt, einige als Propheten, einige als Evangelisten, einige als Hirten und Lehrer, damit die Heiligen zugerüstet werden zum Werk des Dienstes. Dadurch soll der Leib Christi erbaut werden, bis wir alle hingelangen zur Einheit des Glaubens und der Erkenntnis des Sohnes Gottes, zum vollendeten Mann, zum vollen Maß der Fülle Christi, damit wir nicht mehr unmündig seien und uns von jedem Wind einer Lehre bewegen und umhertreiben lassen durch trügerisches Spiel der Menschen, mit dem sie uns arglistig verführen (Epheser 4,7-14; siehe auch Matthäus 28,19-20, Markus 16,15).

Paulus war in der Lage, sowohl zu evangelisieren als auch im Bereich geistlichen Wachstums zu dienen. Jeder von uns wird, wenn er heranwächst, bemerken, daß Gott ihn in seinen Texten und musikalischen Fähigkeiten allgemein entweder mehr auf Ungläubige oder mehr auf die Auferbauung der Gläubigen ausrichtet. Es gibt viele Strömungen im Texten oder Präsentieren, aber für meine Absicht reicht es, diese zwei größeren Pools zu betrachten, in denen die meisten christlichen Musiker schwimmen. Beides zu tun erfordert natürlich ein Verständnis dessen, was die Bibel zu sagen hat – nicht nur über die Berufung Gottes, sondern auch über die verschiedenen geistlichen Gaben im Leben jedes Christen.

Ich habe viel über die Gaben des Heiligen Geistes gehört. Unabhängig von deiner (oder meiner) Lieblingsdarlegung der Gabenlehre gibt es einige Punkte bezüglich jener unterschiedlichen Gaben, über die wir alle, denke ich, einig sind. Es lohnt sich, im Licht des Themas, das ich diskutieren will, diese Punkte zu erforschen.

Wir wissen sicher, daß der Heilige Geist bewegt und Gaben gibt, „einem jeden das Seine“, „wie er will“ (1. Korinther 12,11). Da das so ist, entscheidet also er, nicht wir, welche Gaben er uns gibt. Davon hängt viel ab. Die Kirche kann nicht Musiker ablehnen, weil sie eine bestimmte Gabe nicht haben.

Zum Beispiel hat dich der Heilige Geist vielleicht zum Lehren begabt, egal wie sehr du versuchst, evangelistisch zu sein. Während beides schriftgemäße Gaben des Geistes sind, führt dich die eine mehr in Richtung evangelistischer Inhalte deiner Liedtexte, bei der anderen neigen deine Texte wahrscheinlich zu mehr Tiefgang. Du wirst eher Lieder machen wollen, die die Lehre der Bibel vermitteln.

Immer und immer wieder sehen wir, wie der Heilige Geist Einzelne mit verschiedenen Gaben segnet, durch die er den Bedürfnissen der Kirche begegnet. In der Bibel ist zwar keine „Gabe der Musik" aufgeführt, aber es gibt eine biblische Grundlage für Musik, die man als Können, nicht als Berufung oder Gabe als solche ansehen muß. Der *Inhalt* der Werke von Musikern, die ihr Handwerk verstehen, wird also von ihren jeweiligen Geistesgaben bestimmt. Deshalb haben wir eine schriftgemäße Grundlage für unser Denken und Handeln im Dienst.

Auf der anderen Seite müssen wir uns vor Augen halten, daß einzelne christliche Musiker Riesenunterschiede in ihren Ansichten über Musik und Musikdienst haben.

Ich habe einen christlichen Freund, der möchte, daß Menschen gerettet werden. Er spielt in einer wirklich evangelistischen Band mit und sieht bleibende Frucht. Darüber freut er sich, und doch sieht er sich als sehr gesegnet an, weil er ein Instrument gekonnt spielt. Ist er „im Fleisch"? Ist er arrogant?

Könnte sein. Und er wird zugeben, daß dies Schlachten sind, die er kämpft – genauso wie wir alle. Mein Freund hat mit der Tatsache gerungen, daß er mindestens so froh über eine starke musikalische Leistung und eine gute Aufführung ist wie über die Bekehrungen auf diesem Konzert. Während er und ich darin übereinstimmen, daß ersteres gegenüber der ewigen Wichtigkeit des zweiten verblaßt, glaube ich doch, seine Situation zu verstehen.

Zunächst kenne ich ihn gut genug, um zu glauben, daß ich seine Herzenshaltung vor Gott verstehe. Zweitens ist es kein Problem, so sagte ich ihm, solange er unter den biblischen Ansprüchen eines Dieners des Evangeliums lebt und dem Evangelisten in der Band keinen Stein in den Weg legt.

Der Evangelist teilt die Gabe, die der Herr ihm gegeben hat, mit. Für diesen Zweck ist er gesalbt. Das Können des anderen Musikers ist der Vorrat, aus dem heraus er zu der Zuhörerschaft spricht. Beide sind frei in Christus, zu sein, zu wem und was Gott sie gemacht hat.

Erst nach Jahren des Bibellesens, Predigens und, jawohl, Richtens anderer bin ich zu diesem Verständnis gekommen. Ich konnte nie begreifen, warum einige Musiker so wenig Interesse an den Seelen der Menschen, die ihnen zuhörten, zeigten. Natürlich, manche leben „im Fleisch“ und kümmern sich nicht um die ewige Bestimmung derer, für die sie spielen. Aber bei anderen, die den Herrn und sein Wort kennen und wirklich lieben, liegt die Haltung in Gaben und Salbungen des Geistes begründet, nicht in Sünde.

Was mich zum nächsten Punkt führt.

Wenn er glaubt, daß Gott ihn in eine Musikgruppe stellt, wird der Evangelist nicht nur natürlich das Evangelium mitteilen, sondern muß auch daran arbeiten, musikalisch gut zu werden. Ebenso muß der gute christliche Musiker lernen, sich evangelistisch auszudrücken, allerdings nicht unbedingt von der Bühne während eines Konzerts.

Darf ich noch einen Schritt weitergehen? Sollte nicht der Evangelist auch offen dafür und in der Lage sein, einfache biblisch auferbauende Wahrheit einer Versammlung von Christen mitzuteilen? Sagen wir mal, er hat keine Begabung zum Lehren. Wenn er dann eine Gemeinde vorfindet, die ausschließlich mit wiedergeborenen Christen besetzt ist, sollte er sie evangelisieren?!! Sollte er kneifen oder sich weigern, aufzustehen und den Menschen zu dienen? Ich meine nicht.

Als REZ-Band erleben wir oft, daß alles Menschenmögliche unternommen wurde, damit Nichtchristen zu dem bestimmten Konzert kommen. Trotzdem stellt sich aber heraus, daß die überwiegende Mehrheit der Zuhörer schon gerettet ist. Kein Problem! Auch Christen haben es nötig, herausgefordert, genährt, zu Jüngern gemacht und in engeren Kontakt mit ihrem Herrn geführt zu werden!

Bei anderen Gelegenheiten dienen wir in einer Gemeindesituation. Obwohl der Veranstalter den ganzen Abend als eine Veranstaltung für Christen plante, stellt sich vielleicht heraus, daß nur wenige der Anwesenden Jesus als Erlöser kennen. Dann teilen wir natürlich das Evangelium mit, denn das ist das tatsächliche Bedürfnis der Menschen.

Wir müssen weiter über Berufungen, Gaben und Können nachdenken und studieren, wie wir sie in der Bibel finden. Zum einen, um Verwirrungen in unserem Denken aufzulösen, und zum anderen, um dem Leib Christi zu helfen, biblisch über den Musikdienst zu denken. Diese Prinzipien treffen natürlich auch für nichtmusikalische Christen zu!

Die Dinge sind nicht so einfach, wie sie aussehen. Jesus befiehlt uns: „Gehet hin in alle Welt und prediget das Evangelium aller Kreatur" (Markus 16,15). Heißt das, daß jeder Christ predigen muß? Und was ist mit dem Musiker, dem Klempner, dem Koch, der Hausfrau, dem Politiker? Muß ein Künstler jedes Gemälde mit religiösem Symbolismus befrachten, um Zeugnis zu geben? Was ist mit dem Gebot, alle Völker zu Jüngern zu machen? „Darum gehet hin und machet zu Jüngern alle Völker: Taufet sie auf den Namen des Vaters und des Sohnes und des heiligen Geistes und lehret sie halten alles, was ich euch befohlen habe. Und siehe, ich bin bei euch alle Tage bis an der Welt Ende" (Matthäus 28,19-20). Heißt das, ich muß in jedes nur mögliche Land reisen und Kirchen gründen oder als Tourist im Grand Canyon jemanden finden, den ich in das „Schwarzbrot des Wortes“ einführen kann? Es gibt mehr Fragen als glatte Antworten im Leben vieler Musiker heute. Ich gebe zu, vom Heiligen Geist geschüttelt worden zu sein, um einige meiner eigenen Gesetze und Traditionen genauer zu untersuchen. Ausgleich zu finden ist nicht leicht für einen Anwalt!

Einige dieser Fragen stelle ich ernsthaft, andere ein bißchen zum Spaß. Einige werden durch genaues Lesen der Schriftstelle im Kontext beantwortet. Du kannst mit deinem Pastor oder Jugendleiter sprechen und einen guten Bibelkommentar lesen, um viele, wenn nicht die meisten der Antworten zu finden. „Bemühe dich darum, dich vor Gott zu erweisen als einen rechtschaffenen und untadeligen Arbeiter, der das Wort der Wahrheit recht austeilt“ (2. Tim. 2,15).

Ich fürchte, es gibt da draußen eine Schar christlicher Musiker, die im Grunde ihre Kunst mehr lieben als ihren „Herrn“ und ihrem eigenen Glück mehr verpflichtet sind als dem Gewinnen der Verlorenen oder Ermutigen ihrer Mitchristen durch ihre Musik. Das ist Selbstsucht, schlicht und einfach. In Sprüche 11,30 steht: „Der Weise gewinnt Seelen“ (nach der Elberfelder Übersetzung).

Laß Gott bestimmen, wer zu deiner potentiellen Familie gehört, dann diene ihnen entsprechend ihrer Bedürfnisse in ihrer Sprache. Erlaube dir nicht, ihnen mit Gewalt das „Übliche“ aufzuzwingen auf die übliche Tour, einfach, weil du es immer so gemacht hast oder weil es bequemer ist. Wahrheit mechanisch aufzutischen bewirkt ungefähr soviel im Leben des Zuhörers, wie Gott mechanisch zu dienen geistliches Wachstum in deinem Leben bewirkt! Tu, was du tust, so ernsthaft und interessiert wie möglich. Und vergiß nicht, auch zuzuhören. 1. Petrus 2,17 handelt vom gegenseitigen Respekt. Das wollen wir ständig vor Augen haben, wenn wir unsere Musik machen.

Es geht mit Sicherheit um Menschenleben.

Schriftstellen

1. Mose 4,9
2. Mose 20,3
Psalm 127,3-5
Sprüche 10,12; 11,14; 11,30; 12,15; 13,10; 15,22; 20,18; 27,5-6
Klagelieder 3,24-27
Maleachi 3,24
Matthäus 11,29,30; 18,20; 19,3-12; 28,19,20
Markus 1,21; 6,1, 35, 36; 12,29,30; 16,15
Lukas 4,16; 6,45; 10,19; 12,48; 13,35; 16,19-31
Johannes 6,38; 10,16; 15,8,13; 17,20-23
Apostelgeschichte 1,4,14; 2,1; 2,47; 4,31; 10,34; 15,1-41
Römer 9,33; 15,5-7
1. Korinther 6,20; 7,23,24; 7,32-35; 9,19,22; 10,31; 11,33; 12,11; 19,9,13
2. Korinther 12,9
Galater 1,18-2,2; 5,11,20; 6,2
Epheser 1,6; 4,7-18; 5,21,25; 6,1-4
Kolosser 1,18-27; 3,12-16
1. Timotheus 4,12; 3,10
2. Timotheus 2,15
Hebräer 10,25; 12,2,5-17; 13,7,17
Jakobus 4,7
1. Petrus 1,3-9; 2,15,17; 4,8,12,18; 5,5
1. Johannes 4,19